Silvio Löbel

Entwicklungstendenzen und Synergiemöglichkeiten dur[ch die Integration]
von Data-Warehouse-Konzepten und der Intranet/Internet-Technologie in der
betrieblichen Informationssystem-Architektur

Bibliografische Information der Deutschen Nationalbibliothek:

Bibliografische Information der Deutschen Nationalbibliothek: Die Deutsche Bibliothek verzeichnet diese Publikation in der Deutschen Nationalbibliografie; detaillierte bibliografische Daten sind im Internet über http://dnb.d-nb.de/ abrufbar.

Copyright © 1997 Diplomica Verlag GmbH
Druck und Bindung: Books on Demand GmbH, Norderstedt Germany
ISBN: 9783838614458

http://www.diplom.de/e-book/217300/entwicklungstendenzen-und-synergiemoeg-lichkeiten-durch-den-kombinierten

Silvio Löbel

Entwicklungstendenzen und Synergiemöglichkeiten durch den kombinierten Einsatz von Data-Warehouse-Konzepten und der Intranet/Internet-Technologie in der betrieblichen Informationssystem-Architektur

Diplom.de

Silvio Löbel

Entwicklungstendenzen und Synergie-möglichkeiten durch den kombinierten Einsatz von Data-Warehouse-Konzepten und der Intranet/Internet-Technologie in der betrieblichen Informationssystem-Architektur

Diplomarbeit
an der Universität Leipzig
August 1997 Abgabe

Diplomarbeiten Agentur
Dipl. Kfm. Dipl. Hdl. Björn Bedey
Dipl. Wi.-Ing. Martin Haschke
und Guido Meyer GbR

Hermannstal 119 k
22119 Hamburg

agentur@diplom.de
www.diplom.de

ID 1445

ID 1445

Löbel, Silvio: Entwicklungstendenzen und Synergiemöglichkeiten durch den kombinierten Einsatz von Data-Warehouse-Konzepten und der Intranet/Internet-Technologie in der betrieblichen Informationssystem-Architektur / Silvio Löbel · Hamburg: Diplomarbeiten Agentur, 1999
Zugl.: Leipzig, Universität, Diplom, 1997

Dipl. Kfm. Dipl. Hdl. Björn Bedey, Dipl. Wi.-Ing. Martin Haschke & Guido Meyer GbR
Diplomarbeiten Agentur, http://www.diplom.de, Hamburg
Printed in Germany

Diplomarbeiten Agentur

Wissensquellen gewinnbringend nutzen

Qualität, Praxisrelevanz und Aktualität zeichnen unsere Studien aus. Wir bieten Ihnen im Auftrag unserer Autorinnen und Autoren Wirtschafts-studien und wissenschaftliche Abschlussarbeiten – Dissertationen, Diplomarbeiten, Magisterarbeiten, Staatsexamensarbeiten und Studien-arbeiten zum Kauf. Sie wurden an deutschen Universitäten, Fachhoch-schulen, Akademien oder vergleichbaren Institutionen der Europäischen Union geschrieben. Der Notendurchschnitt liegt bei 1,5.

Wettbewerbsvorteile verschaffen – Vergleichen Sie den Preis unserer Studien mit den Honoraren externer Berater. Um dieses Wissen selbst zusammenzutragen, müssten Sie viel Zeit und Geld aufbringen.

http://www.diplom.de bietet Ihnen unser vollständiges Lieferprogramm mit mehreren tausend Studien im Internet. Neben dem Online-Katalog und der Online-Suchmaschine für Ihre Recherche steht Ihnen auch eine Online-Bestellfunktion zur Verfügung. Inhaltliche Zusammenfassungen und Inhaltsverzeichnisse zu jeder Studie sind im Internet einsehbar.

Individueller Service – Gerne senden wir Ihnen auch unseren Papier-katalog zu. Bitte fordern Sie Ihr individuelles Exemplar bei uns an. Für Fragen, Anregungen und individuelle Anfragen stehen Ihnen gerne zur Verfügung. Wir freuen uns auf eine gute Zusammenarbeit

Ihr Team der *Diplomarbeiten* Agentur

Dipl. Kfm. Dipl. Hdl. Björn Bedey –
Dipl. Wi.-Ing. Martin Haschke ——
und Guido Meyer GbR ———

Hermannstal 119 k ————
22119 Hamburg ————

Fon: 040 / 655 99 20 ————
Fax: 040 / 655 99 222 ————

agentur@diplom.de ————
www.diplom.de ————

Inhaltsverzeichnis

Abbildungsverzeichnis

Tabellenverzeichnis

Abkürzungsverzeichnis

API	Application Programing Interfaces
BPR	Business Prozess Reengineering
C/S	Client/Server
CGI	Common Gateway Interface
DSS	Decision Support Systems
DV	Datenverarbeitung
DWH	Data-Warehouse
EUS	Entscheidungsunterstützungssysteme
FIS	Führungsinformationssysteme
FTP	File Transfer Protocol
HTML	Hypertext Markup Language
HTTP	Hypertext Transfer Protocol
IKS	Informations- und Kommunikationssystem
IP	Internet Protokoll/Internet Protocol
IS	Informationssystem
IT	Informationstechnologie
JDBC	Java Database Connectivity
JVM	Java Virtual Machine
LAN	Local Area Network
MDD	Multi-dimensionale Datenbanken
MIS	Management-Informations-Systeme
MPP	Massively Parallel Processing
MSS	Management Support Systems/ Managementunterstützungssysteme
ODBC	Open Database Connectivity
OLAP	On-Line Analytical Processing
OLTP	On-Line Transaction Systems
PC	Personalcomputer
ROI	Return on Investment
SMP	Symetric Multiprocessing
TCP	Transmission Control Protocol
URL	Uniform Ressource Location
VPN	Virtuelle Private Netzwerke
VRML	Virtual Reality Markup Language
WAN	Wide Area Network
WWW/Web	World Wide Web

1 Einleitung

"Die Informationstechnologie wird alle Institutionen unserer Gesellschaft revolutionieren: Regierungen, Schulen, Postwesen, Bibliotheken und natürlich jede Form kommerzieller Unternehmen. Und die IT wird auch den Umgang der Menschen mit diesen Einrichtungen - und untereinander - grundlegend verändern."[1] Diese Einschätzung spiegelt sowohl die gegenwärtig stattfindenden als auch die in Zukunft absehbaren enormen Veränderungen in der gesamten Gesellschaft wieder. Dabei ist festzustellen, daß sich die Industriegesellschaft durch den höheren Stellenwert, den der Information als Produktionsfaktor im Wertschöpfungsprozeß beigemessen wird, entscheidend weiterentwickeln wird.[2] Die damit stattfindende „... 'digitale Revolution' löst einen strukturellen Wandel aus, der mit der industriellen Revolution des letzten Jahrhunderts vergleichbar ist, verbunden mit den entsprechenden wirtschaftlichen Risiken und Chancen."[3] Diese Entwicklung führt durch die zunehmende Bedeutung der Information und Kommunikation zwangsläufig zu tiefgreifenden Veränderungen in der Wirtschaft. Deshalb werden in der Theorie und in der Praxis vielfältige Anstrengungen unternommen, um mit neuen Konzepten und Entwicklungen diesen Veränderungen gerecht zu werden. Eine grundlegende Bedeutung hat dabei die Informationsverarbeitung, die die Basis für fast alle zukünftigen Unternehmensaktivitäten bilden wird. Deshalb steht sie im Mittelpunkt der Betrachtung in dieser Arbeit. Aus Sicht des Autors ist es dabei geboten, nicht nur einzelne neue und moderne Aspekte der Informationsverarbeitung streng abgegrenzt von anderen zu betrachten, sondern speziell die Wirkungen einer Kombination verschiedener Aspekte verstärkt zu berücksichtigen.

Deshalb beschäftigt sich diese Arbeit mit den Synergiemöglichkeiten bei einer Kombination neuester Entwicklungen - der Kombination von Data-Warehouse und Intranet.

Die Basis der Betrachtung dieser Synergien wird im 2. Kapitel durch die Erläuterung von Begriffen und durch die Darstellung der Managementunterstützungssysteme (MSS), die das Hauptwirkungsgebiet der Synergien darstellen, gebildet. Speziell durch die Beschreibung bisheriger Mängel und zukünftiger Anforderungen an diese MSS wird die Grundlage für eine Betrachtung und Bewertung der Synergien dargestellt.

Das 3. Kapitel stellt das Data-Warehouse-Konzept vor und verdeutlicht die Grundgedanken diese Konzeptes. Im 4. Kapitel erfolgt die zusammenfassende Beschreibung der Intranet-

---

[1] Gerstner, L., Situationsbeschreibung, 1995, S. 26.
[2] Vgl. Brügemann-Klein et al., Informationsgesellschaft, 1995, S. 25.
[3] Bangemann, M., Bangemann-Bericht, 1995, S. 1.

Technologie. Diese beiden Kapitel sollen es dem Leser ermöglichen, einen inhaltlich fundierten Überblick über die sehr neuen und deshalb bislang sehr unterschiedlich beschriebenen Technologien zu erlangen.

Dadurch ergibt sich die Möglichkeit, im 5. Kapitel die Kombination dieser beiden Technologien zu betrachten. Dabei wird auf die Ausführungen der vorangegangenen Kapitel und speziell auf die Erläuterungen zu den MSS aufgebaut. Auf dieser Grundlage werden die Kombinationswirkungen (Synergien) von Data-Warehouse und Intranet analysiert. Zur Darstellung der Synergien wird eine Strukturierung nach speziellen Sichtweisen vorgenommen. Die dem Autor wichtigsten Synergiewirkungen werden in diesen Sichten dargestellt. Da diese integrierende Betrachtungsweise beider Technologien bisher noch nicht umfassend vorgenommen wurde, werden die einzelnen Angaben und Schlußfolgerungen detailliert durch Literatur- und Praxisaussagen nachvollziehbar belegt.[4]

Abschließend erfolgt ein Zusammenfassung der Ergebnisse im Kapitel 6.

2 Management Support Systems (MSS)

2.1 Begriffsbestimmungen und Einordnungen

Im Mittelpunkt der Betrachtung bei der Auseinandersetzung mit den stattfindenden und abzusehenden Veränderungen stehen die zentralen Begriffe Information und Kommunikation. Deshalb liegt es nahe, zunächst diese Begriffe zu erläutern, da in der Literatur mehrfach unterschiedliche Abgrenzungen und Definitionen entsprechend verschiedener inhaltlicher Bezüge vorliegen.

Da rechnergestützte betriebliche und überbetriebliche Informationssysteme das Erkenntnisobjekt der Wirtschaftsinformatik bilden, ist es geboten, diese Orientierung auch bei der Begriffseinordnung zu berücksichtigen. Somit ist der pragmatische Aspekt des Informationsbegriffes relevant.[5] So läßt sich Information als zweckorientiertes Wissen definieren.[6] Zu kritisieren ist hierbei aber besonders, daß der Wissensbegriff kontroversen Diskussionen unterworfen ist.[7] Entscheidend ist, daß durch die Informationen auf Vorkenntnisse des

---

[4] Dazu werden Literaturverweise über Fußnoten verwendet, um die Aussagen zu stützen. Dabei muß vorwiegend auf englische und amerikanische Fachzeitschriften zurückgegriffen werden, da kaum Veröffentlichungen in Deutschland vorliegen.

[5] Vgl. Rüttler, M., Strategische Erfolgsfaktoren, 1991, S. 29.

[6] Vgl. Gernet, E., Informationswesen, 1987, S. 20.

[7] Siehe auch Rüttler, M., Strategische Erfolgsfaktoren, 1991, S. 29.

Empfängers eingewirkt wird bzw. diese Vorkenntnisse verändert werden. So wird eine Wissensänderung hervorgerufen, welche in der Regel eine zielorientierte Handlung auslöst. Dadurch wird deutlich, daß Information in einer Unternehmung ein Mittel zur Erreichung des Unternehmenszwecks darstellt.[8] Wenn diese Zweckorientierung nicht gegeben ist, sind Mitteilungen als Nachrichten[9] oder als Daten zu betrachten, die potentiell Informationen darstellen können.[10] Da bei den umfassenden Betrachtungen in dieser Arbeit eine Einschätzung der Zweckorientiertheit aufgrund subjektiver Bewertungen nicht sinnvoll ist, wird im folgenden meist vereinfachend davon ausgegangen, daß die Begriffe Daten, Nachricht und Information synonym verwendet werden können. Grundsätzlich ist aber eine Unterscheidung von Daten und Nachrichten möglich.[11]

Von grundlegender Bedeutung ist außerdem, „... daß erst mit der 'Kommunikation', dem Prozeß zur Übermittlung von Nachrichten und Daten, ein Informationsfluß innerhalb und außerhalb des Unternehmens möglich wird."[12] Information und Kommunikation stellen sich gegenseitig bedingende Erscheinungen dar (Zwillingscharakter)[13]. Die Information ist somit Objekt der Kommunikation, wobei diese Senden, Empfangen (Aufnehmen), Speichern, Verarbeiten (Umwandeln) von Informationen umfaßt.

Besondere Bedeutung erlangen diese beiden Begriffe bei der Anwendung auf die Unternehmung. Sie bilden in dieser eine Einheit, die unmittelbare auf nahezu alle Bereiche dieser Organisation einwirkt. Unter Nutzung des systemorientierten Ansatzes kann diesem Sachverhalt in dem Gesamtsystem Unternehmung durch die Bildung eines Subsystems Informations- und Kommunikationssystem (IKS) entsprochen werden.[14] Dabei wird generell „... unter System der ganzheitliche Zusammenhang von Teilen, Einzelheiten, Dingen oder Vorgängen, die voneinander abhängig sind, ineinandergreifen oder zusammenwirken, verstanden."[15] Ein System besteht somit aus einer Menge von Elementen, die miteinander interagieren. Dieser Beziehungszusammenhang zwischen diesen Elementen ist deutlich stärker als zu anderen, wodurch sich ein System von der Umwelt abgrenzen läßt. Ein System unterliegt in der Regel einer Zweckbestimmung. Diese besteht bei IKS „... in Infor-

---

[8] Vgl. Gernet, E., Informationswesen, 1987, S. 20.
[9] Vgl. Rüttler, M., Strategische Erfolgsfaktoren, 1991, S. 28.
[10] Vgl. Gernet, E., Informationswesen, 1987, S. 20.
[11] Unterscheidung: Nachrichten, wenn Weitergabe als Zweck; Daten, wenn zum Zweck der Verarbeitung gebildet; Siehe dazu auch: Stahlknecht, P., Wirtschaftsinformatik, 1995, S. 8 ff.
[12] Rüttler, M., Strategische Erfolgsfaktoren, 1991, S. 31.
[13] Vgl. Heinrich, L. J., Systemplanung, 1990, S. 202.
[14] Vgl. Roitmayr, F., Controlling von IKS, 1988, S. 16-36.
[15] Heinrich, L. J., Systemplanung, 1990, S. 202.

mation und Kommunikation in Betriebswirtschaften..."[16]. Die Bedeutung dieses Teilsystems liegt, entsprechend seiner dargestellten Ausrichtung, besonders bei der „... situationsgerechten Informationsgewinnung, Informationstransformation und Informationskommunikation..."[17]. Zur besseren Veranschaulichung können IKS nach ihren Komponenten strukturiert werden. Dies sind auf der ersten Ebene die Aufgabenträger in Betriebswirtschaften, die betriebliche Aufgaben und die Informations- und Kommunikationstechniken.[18] Daraus leitet sich ab, daß betriebliche IKS speziell Mensch-Aufgabe-Technik-Systeme[19] sind, wobei eine wechselseitige Beeinflussung der Komponenten besteht.[20]

Zur Funktionsfähigkeit dieses Systems ist grundsätzlich keine Computerunterstützung notwendig. Da die Wirtschaftsinformatik aber diese Unterstützung untersucht, wird bei diesem System im Folgenden implizit von computergestützten IKS ausgegangen.

Durch die Komponentendarstellung des Systems wird deutlich, daß der Einsatz der Informations- und Kommunikationstechniken (in der obigen Systembeschreibung als Technik bezeichnet) von entscheidender Bedeutung ist. Dabei ist es sogar treffender, den Begriff Technologie, der sowohl Technik als auch Verfahren beinhaltet, in den Vordergrund zu rücken. Dadurch wird die Bedeutung von Technologien, speziell von Informationstechnologie stärker verdeutlicht. Nach Zahn beinhaltet die Informationstechnologie alle Prinzipien, Methoden und Mittel der Bereitstellung, Speicherung, Bearbeitung, Übermittlung und Verwendung von Informationen sowie die Gestaltung und Nutzung von Informations- und Kommunikationssystemen.[21]

Diese Technologien können nun angewandt werden, um eine Informationssystem-Architektur aufzubauen. Diese Architektur wird im Folgenden weiter beschrieben.

2.2 Aufgaben und Ziele von MSS

Eine Basis für die Unternehmensaktivitäten wird durch die Informationssystem-Architektur gebildet. Diese wird als Beschreibung von Zweck, Form und Vorgehensmodell zur Erstellung von Informations- und Kommunikationssystemen definiert.[22] Die Informationssystem-Architektur wird aus den Unternehmenszielen abgeleitet. Dadurch sind folgende Hauptziel

[16] Heinrich, L. J., Systemplanung, 1990, S. 203.
[17] Roitmayr, F., Controlling von IKS, 1988, S. IX.
[18] Vgl. Heinrich, L. J., Systemplanung, 1990, S. 203.
[19] Vgl. Roitmayr, F., Controlling von IKS, 1988, S. 15.
[20] Siehe auch Heinrich, L. J., Systemplanung, 1990, S. 203 ff.
[21] Vgl. Rüttler, M., Strategische Erfolgsfaktoren, 1991, S. 48-52.
[22] Heinrich, L. J., Informationsmanagement, 1992, S.76 ff.

feststellbar:

- die Marktposition langfristig sichern,
- mittelfristig neue Produkte entwickeln, neue Tätigkeitsfelder erschließen oder
- die kurzfristige wirtschaftlich Auslastung der vorhandenen Resourcen.[23]

Um diese Ziele zu erreichen, wird die Informationssystem-Architektur[24] „...

-für die operative Ebene des Unternehmens durch Administrations- und Dispossitionssysteme und

-für die Führungsebenen durch Führungsinformationssysteme,

jeweils unterstützt durch Querschnittssysteme, realisiert."[25]

Die Unterstützung der Informationsverarbeitung konzentrierte sich bisher hauptsächlich auf die operative Ebene, d.h. auf die Automatisierung der Abrechnung von Massendaten, auf die Bestandsverwaltung und auf die Vorbereitung kurzfristiger dispositiver Entscheidungen.[26]

Demgegenüber existiert aber besonders bei der Unterstützung des Managements ein sehr großes Entwicklungspotential. Dieses führte in den 70er Jahren, ausgelöst durch das aufkommende DV-gestützte Berichtswesen, zu einer sehr euphorischen Entwicklung von Management-Informations-Systemen (MIS). Diese sollten ein total integrierendes System für das gesamte Unternehmen bilden. Es wurde eine Verdichtung sämtlicher Unternehmensdaten angestrebt, um alle Führungsebenen mit Informationen zu versorgen. Diese Versuche waren aber einerseits wegen der fehlenden bzw. nicht ausreichenden Hardware und andererseits wegen instabiler Organisationsstrukturen zum Scheitern verurteilt. Als besondere Schwachstellen wurden bei diesen MIS folgende Punkte identifiziert:

- es herrscht kein Mangel an Information im Unternehmen, sondern ein Überfluß,
- ein einfaches Bereitstellen von Informationen ist nicht ausreichend,
- ein Informationsbedarf kann nicht a priori bestimmt werden,
- es sind auch soziale Wirkungsaspekte zu beachten.[27]

Die Entwicklung der Managementunterstützung wird trotz des Scheiterns des MIS-Ansatzes in der heutigen Zeit wieder verstärkt vorangetrieben. Dabei wird versucht, die aufgetretenen Probleme der MIS zu beheben. Leider existieren in der Literatur eine Viel-

---

[23] Vgl. Stahlknecht, P., Wirtschaftsinformatik, 1995, S. 448 ff.

[24] Auch als Informationsstruktur bezeichnet.

[25] Stahlknecht, P., Wirtschaftsinformatik, 1995, S. 448 (zu den einzelnen Anwendungssystemen siehe auch S. 346 ff).

[26] Vgl. Stahlknecht, P., Wirtschaftsinformatik, 1995, S. 346 ff.

[27] Vgl. Brehme, W., Schimmelpfeng, K., Führungsinformationssysteme, 1993, S. 4.

zahl oft auch gegensätzlicher Definitionsversuche und Begriffsbestimmungen zur Beschreibung der Managementunterstützung. In dieser Arbeit wird von der im folgenden Abschnitt beschriebenen Unterteilung ausgegangen.

Als „... Managementunterstützungssysteme werden alle Formen von Systemen subsumiert, die der Unterstützung von Entscheidungsträgern dienen."[28] Diese werden meist als Management Support Systems (MSS) bezeichnet.

In der neueren Forschung nimmt man eine weitere Teilung in zwei eigenständige Gebiete vor. Das erste Gebiet bezeichnet die Führungsinformationssysteme (FIS), die speziell die Bedürfnisse der oberen Führungsebene erfüllen sollen. Dies impliziert eine leicht erlernbare Oberfläche, die der sporadischen Benutzung dient. Dabei kommen bisher meist nur interne quantitative Daten in Form von Kennzahlen zum Einsatz.[29]

Das 2. Gebiet der MSS stellen die Entscheidungsunterstützungssysteme (EUS oder auch Decision Support Systems (DSS)) dar. Dies sind bereichs- und/oder aufgabenspezifische Systeme, die dem mittleren und oberen Management zur Planungsunterstützung und Problemlösung in speziellen Klassen von schlecht strukturierten Entscheidungssituationen dienen.[30] Diese Unterteilung stellt eine sehr idealtypische Klassifizierung dar und ist in der Praxis nur selten anzutreffen. Deshalb wird in dieser Arbeit der Begriff der MSS verwendet, um **computergestützte Anwendungssysteme zu beschreiben, die die Aufgabe haben, Führungskräfte und Entscheidungsträger mit relevanten Informationen für den Führungsprozeß oder die Entscheidungsfindung**

- **rechtzeitig und**
- **in geeigneter Form (führungsadäquat) zu versorgen.**[31]

Die Entwicklung und der Einsatz dieser Unterstützungssysteme stellt in der heutigen Zeit nicht nur einen Trend in der Informationsverarbeitung dar, sondern wird durch die praktische Unternehmensrealität regelrecht erzwungen. Eine Gliederung der wirkenden externen und internen Druckkräfte auf die Unternehmen ist in Abbildung 1 zu sehen.

Externer Druck (Marktsog)	⇒ Wachsender Wettbewerb
	⇒ Häufigen Veränderungen unterworfene Umwelt
	⇒ Zwingender aktiver Umgang mit Umwelteinflüssen
	⇒ Nutzung und Zugriff externer Informationen (Datenbasen)

[28] Brehme, W., Schimmelpfeng, K., Führungsinformationssysteme, 1993, S. 12.
[29] Vgl. Jahnke, B., FIS-Einsatz, 1993, S. 30 ff.
[30] Vgl. Jahnke, B., FIS-Einsatz, 1993, S. 30 ff.
[31] Vgl. Stahlknecht, P., Wirtschaftsinformatik, 1995, S. 408 ff. Und detaillierter zu FIS in Jahnke, B., FIS-Einsatz, 1993, S. 30 ff.

	⇒ gesetzliche Reglementierungen
	⇒ Differenzierung (Vielfalt an Produkten und Varianten)
	⇒ Innovation (kürzere Produktlebenszyklen)
	⇒ Zeit (Bessere Produktqualität schon im Design, Entwurf)
	⇒ Qualität (gestiegene Bedeutung der Dienstleistung)
	⇒ Technologisches Umfeld : -dynamische Entwicklung
	⇒ Erfolgsfaktoren der Information
	– dispostiver Produktionsfaktor (Informationsvorsprung, ungleichmäßige Verteilung, Verknüpfung der Informationsversorgung)
	– Informationslogistik
	⇒ Information als strategisches Element (Zielunterstützung, Wettbewerbsvorteile)
Interner Druck	⇒ Gebot aktueller, periodengerechter Information
	⇒ Gebot verbesserter Kommunikation
	⇒ Gebot des Zugriffs auf operativer Daten
	⇒ Gebot steigender Produktivität
	⇒ Gebot zum Erkennen von Trends und Marktentwicklungen
	⇒ Gebot steigender Effektivität
	⇒ Gebot akkurater Darstellung von Information
	⇒ Gebot des unternehmensübergreifenden Datenaustausches

Abbildung 1: Druckkräfte
(Quelle: Eigene Darstellung, Bearbeitet und Erweitert nach: Klotz, M., Reichardt, K., Unternehmen und FIS, 1996, S. 50 und zu Marktsog: Lindenlaub, F., Webersinke, K., Strukturwandel, 1994, S.63 ff)

Diesen Druckkräften kann durch bestehende Informationssysteme meist nur sehr unzureichend begegnet werden. So bemängeln - nach einer Studie der Business Intelligence bei britischen Großunternehen - 48% der Manager bei ihren bisherigen Systemen die Präsentation von Ergebnissen. 53% der Manager wünschen eine verbesserte Zusammenfassung von Informationen und 56% benötigen aktueller Informationen.[32]

Zusätzlich muß die Bedeutung des Umfeldes, mit denen sich die Unternehmen konfrontiert sehen, gesondert hervorgehoben werden. „Unternehmen sind komplexe Systeme mit historisch gewachsenen Strukturen und Abläufen. In Boom-Zeiten funktionieren sie, indem sie Erfolge administrieren, doch ...“[33] in Zeiten schwieriger Markt- und Konjunkturlage reicht dies nicht mehr aus. In den vergangenen Jahren wurden deshalb vielfältige Maßnahmen zur Wettbewerbssicherung der Unternehmen unternommen. Dies waren besonders die Schaffung schlanker Unternehmen (Lean Management) und die Durchführung von Business Prozess Reengineering-Maßnahmen. Der dadurch entstandene Strukturwandel in der Wirtschaft führt zu starken organisatorischen Veränderungen. Aus bisher schwerfälligen, tiefgegliederte Unternehmen entstanden schlankere Unternehmen aus kleinen selbständigen

---

[32] Vgl. Dorn, B., Managementunterstützungssysteme, 1994, S. 12.
[33] Dorn, B., Managementunterstützungssysteme, 1994, S. 12.

Einheiten mit verringerten Hierarchieebenen.[34]

Die dadurch ermöglichte steigende Flexibilität und Reaktionsfähigkeit bringt aber auch die Nachteile, daß Stabsabteilungen (Stäbe), „die aus Informationen brauchbare Entscheidungshilfen machen ..."[35] abgebaut wurden und der Überblick und die Wirksamkeit der oberen Führungsebene durch die größere Zahl der autonomen, marktnahen Unternehmenseinheiten verringert wurde.

An dieser Stelle wird die zunehmende Bedeutung des Einsatzes einer breiten Computerunterstützung deutlich. Die beschriebenen Entwicklungen können nur durch eine bessere Ausnutzung der Ressource Information erfolgreich im Unternehmen umgesetzt werden. Dazu sind besonders auch MSS gefordert, die:

- Entscheidungshilfen trotz Strukturwandel ermöglichen,
- Erfahrungen nutzen, um Fehler zu verhindern,
- den Einsatz neuer Techologien ermöglichen.

Speziell neue Technologien sollen dabei zu einer neuen Qualität der Unterstützung führen, die besonders durch die qualitative Informationsdarstellung und den flexiblen Informationszugang geprägt wird.

Diese aktuellen Anforderungen an MSS, die auch auf alle andere Arten der Informationsverarbeitung und -bereitstellung im Unternehmen übertragen werden können, sind in Tabelle 1 verdeutlicht.

Qualitative Informationsdarstellung	Flexibler Informationszugang
• Verfügbarkeit von Informationen aus allen Bereichen des Unternehmens und seines ökon. Umfeldes (externe Daten) in einer hochverdichteten und aussagefähigen Form • Die Verdichtung darf aber nicht den gezielten Zugriff auf Detailinformationen erschweren	• Instrumente zur proaktiven Bewältigung von Problembereichen, d.h. Werkzeuge müssen zu mehr Produktivität und Effizienz des Managements führen und nicht nur der Informationsdarstellung dienen
• Möglichkeit der Extraktion einer Datenbasis nach individuell formulierten Such- oder Selektionskriterien, d.h. Implementierung des Drill-Down und der Führung des Benutzers beim Navigieren	• Integration der Unternehmenskommunikation z.B. durch Schnittstellen zur Bürokommunikation
• Trendanalysen und Disaggregationen von Informationen, die Ergebnisse und Entwicklungen möglichst genau widerspiegeln • Voraussetzung ist absolute Aktualität • Dynamisierung des bisherigen statischen Berichtswesens durch die Möglichkeit der Trendextrapolation und Disaggregation bereits kumulierter Vergangenheitswerte	• Systemarchitektur muß schnelle Änderungen (Flexibilität) und Wachstumspotentiale ermöglichen (Systemevolution)
• Exeption Reporting (Ausnahmeberichtswesen) auf Basis von	• Zuschnitt auf den kognitiven Still des

[34] Vgl. Kornblum, W., Innovative FIS, 1994, S. 22 ff.
[35] Dorn, B., Managementunterstützungssysteme, 1994, S. 14.

Schwellenwerten	Managements
• Höhere Datenaktualität als bei monatlichen Berichten	• Anschluß an externe Datenbanken
• Integration von Tabellen, Graphiken, Texten, Sprache und Bild; Ergänzung von Berichten durch graphische Interpretation	• Bestandteil der Unternehmenskultur
• Breites Informationsspektrum: Verknüpfung von Informationen aus verschiedenen Quellen einschließlich externer Daten, vergleichende Darstellungen, Markt- und Wirtschaftstrends	• Extrem komfortable Benutzeroberflächen und -bedienung
• Einfache Werkzeuge zur Datenanalyse	
• Einfache Modellanalyse	
• Aufbereitung strategischer Informationen	
• Übersichtliche, individuelle Szenarien	

Tabelle 1: Anforderungen an MSS
(Quelle: In Anlehnung an: Kornblum, W., Innovative FIS, 1994, S. 23)

Dabei ist aber generell die bestehende Informationssystem-Architektur des Unternehmens unbedingt zu berücksichtigen.[36]

Nach neuesten Erkenntnissen ist es auch zwingend notwendig, IKS im Umfeld der unterstützten Geschäftsprozesse genauer zu betrachten. Diese Prozeßbetrachtung bildet ein ganzheitliches Ablaufmuster, daß auch die Unternehmenskommunikation beinhaltet.[37]

Durch diese wird deutlich, daß Kommunikation im Unternehmen horizontal und vertikal stattfindet. Vertikale Kommunikation orientiert sich dabei an der aufbauorganisatorischen Gliederung des Unternehmens - den klassischen Hierarchien und Zielsystemen (Abteilungen).

Horizontale Kommunikation beschreibt demgegenüber den an der tatsächlichen Wertschöpfungskette orientierten Informationsfluß - abteilungsübergreifend und teamorientiert.

An dieser Stelle müssen die IS-Architekturen aufsetzen und die Integration beider Informationsströme ermöglichen. Dies ist bisher in der Praxis meist nicht realisiert, wie die Unterbrechungen innerhalb der IKS in Abbildung 2 auf Seite 12 zeigen.

Um die oben beschriebene Integration realisieren zu können, ergeben sich folgende Anforderungen an die IS-Architektur:

- • zweckmäßige aktuelle Datenbasis,

- • flexible, entwicklungsfähige IS-Infrastruktur,

- • Bereitstellung einer Informationsversorgung, die effiziente Prozesse und Delegation von Verantwortung ermöglicht,

---

[36] Vgl. Dorn, B., Managementunterstützungssysteme, 1994, S. 14 ff.
[37] Zu GP siehe auch: Holland, A., Löbel, S., Erfahrungen zur GP-Modellierung, 1997, S. 187 ff.

- verantwortungsbewußte und kompetente Mitarbeiter mit Verständnis für das gesamte Unternehmen.[38]

Diese Anforderungen sind auch bei den MSS zu berücksichtigen.

„Managementunterstützungssysteme sind somit nicht nur Werkzeuge für das Top-Management, sondern sie stellen auch die nächste Stufe der Unternehmenskommunikation dar."[39] Um diese Aufgabe erfüllen zu können, muß ein zielgerichteter und unternehmensübergreifender Informationsfluß ermöglicht werden. Das heißt, daß eine höchstmögliche Reich- und Spannweite erreicht werden muß. Die Reichweite beschreibt dabei die mögliche Verbindung von verschiedenen Standorten. Die Spannweite bezieht sich auf das Ausmaß, in welchem Informationen unmittelbar und automatisch über die gesamte Reichweite genutzt werden können.[40] Idealtypisch wäre somit eine weitgehende Integration aller System des Unternehmens und möglicherweise sogar über die Unternehmensgrenzen hinaus. Damit können und müssen die MSS neuen Anforderungen gerecht werden. Dies bedeutet, daß nicht nur das Top-Management, welches einer Unterstützung meist eher ablehnend gegenüber steht, sondern alle, die mit Hilfe von Informationen Entscheidungen treffen müssen, Unterstützung durch eine entsprechende IS-Architektur erfahren sollen.[41] Dem stehen aber bisher meist unüberwindbare Inkompatibilitäten der Hard- und Software und der Telekommunikation gegenüber.[42]

Weiterhin ist es durch die beschriebene Ausweitung des Einsatzes der MSS erforderlich, daß diese auf eine breite und ständig erweiterbare Informationsbasis zurückgreifen können. Dies führt dazu, daß immer größere Datenvolumina bewältigt werden müssen. "Hier gilt es also ein pfiffiges Datenhaltungskonzept zu entwickeln, das diesem Problem genauso gerecht wird wie der Anforderung 'kürzeste Antwortzeiten' und 'vernünftiger Zugriffsschutz'."[43]

Damit sind die zukünftigen Anforderung für MSS identifiziert:

- Umfassend, flexible Datenauswertung und damit Ausnutzung der Ressource Information und

---

[38] Vgl. Dorn, B., Managementunterstützungssysteme, 1994, S. 17 ff.
[39] Dorn, B., Managementunterstützungssysteme, 1994, S. 19.
[40] Vgl. Keen, P.G.W., Informationstechnologie, 1992, S. 243 ff.
[41] In Anlehnung an die Beschreibung von Enterprise Information System (EIS) als Weiterentwicklung der MSS, vgl. Flade-Ruf, U., Entwicklungstendenzen bei FIS, 1994, S. 151.
[42] Vgl. Keen, P.G.W., Informationstechnologie, 1992, S. 244 ff.
[43] Flade-Ruf, U., Entwicklungstendenzen bei FIS, 1994, S. 151[Hervorhebungen im Original].

- Unterstützung/Zugriff aller nötigen Personen im Unternehmen, d.h. hohe Reich- und Spannweite der IS-Architekturen.

Somit ist im Folgenden die Frage zu klären, welchen Beitrag können das Data-Warehouse-Konzept und die Intranet-Technologie innerhalb der IS-Architektur zur Erreichung dieser Anforderungen leisten und wie wirkt sich der gegenseitige Einsatz beider auf diese aus.

3 Data-Warehouse-Konzept

3.1 Grundgedanken und Anforderungen

Wie in den einleitenden Kapiteln bereits angedeutet, stehen die Unternehmen vor gravierenden Veränderungen, die durch die Entwicklung der Informationstechnologie erst ermöglicht, aber auch erzwungen werden. Aus diesem Grund erlangt die Betrachtung des Einsatzes computergestützter MSS eine zentrale Bedeutung. Besonders die Qualität der betrieblichen Entscheidungen stehen dabei im Vordergrund. Diese hängt direkt von der Qualität der verfügbaren Informationen und damit von der Qualität der gespeicherten Daten ab.[44] Diese Qualität wird durch die Fakten: Relevanz, Genauigkeit, Vollständigkeit, Zusammenhang, Zugriffsmöglichkeit, Flexibilität, Zeitraum- und Zeitbezug, Transportierbarkeit und Sicherheit bestimmt. Die Erfüllung diese Kriterien (oder auch eine Kombinationen dieser) kann bisher meist nicht gewährleistet werden. Dies hat mehrere Ursachen.

Ein entscheidender Grund ist, daß die bestehenden operativen Systeme sich natürlich auf die Erfüllung operativer Aufgaben, d.h. auf Routineaufgaben und Transaktionsdurchführung, konzentrieren. Aus diesem Grund werden diese System auch als On-Line Transaction Systems (OLTP)[45] bezeichnet. Diese Systeme arbeiten überwiegend mit aktuellen Detailinformationen, die entsprechend den Anforderungen der darauf zugreifenden operativer Anwendungssysteme gespeichert sind. Informationen werden dabei meist satzweise abgefragt.[46]

Diesen Systemen stehen aber teilweise sehr abweichende Anforderungen aus den beschriebenen MSS gegenüber, wie in Tabelle 2 dargestellt ist.

---

[44] Der Begriff der Qualität bezieht sich hier auf die Eignung zur Erfüllung einer Aufgabe zur Zielerreichung (siehe auch vorheriges Kapitel).

[45] Siehe dazu vertiefend: Black, B., OLTP-Systems, 1996.

[46] Vgl. Jahnke, B. et al., On-Line Analytical Processing, 1996, S. 321.

Kriterien	Operative Datenbanken	Informative Datenbanken
Transaktionsvolumen	niedrig bis mittel	hoch
Zugriff	Lesen	Lesen / Schreiben
Update	hohe Frequenz, permanent, kontinuierlich	niedrige Frequenz, meist Batch
Datenherkunft	einige Anwendungen	viele Anwendungen
Verarbeitungseinheit	Datensatz, eindimensional	Matrizen, mehrdimensional, sachbezogen
Niveau der Daten	detailliert	aggregiert, aufbereitet
Antwortzeit	sehr schnell	normal
Betrachtungsperiode	aktuelle Periode	Vergangenheit bis Zukunft
Abfragen	vorhersehbar, periodisch	unvorhersehbar, ad hoc
Aktivitäten	operativ,	analytisch, taktisch
Umfang	anwendungsintern	anwendungsübergreifend

Tabelle 2: Anforderungen an operative und informative Datenbanken
(Quelle: Eigene Darstellung, Zusammengefaßt und Bearbeitet aus: Scheer, A.-W., DWH und DM, 1996, S. 75 und Thomas, K., DWH Gartner-Group, 1996, S. 11)

Durch diese Unterschiede können die OLTP-Systeme auch nicht als ausreichende Basis der Entscheidungsunterstützung durch MSS dienen.[47] Dieses Problem ist nur durch ein methodisches Aufbereiten der Daten zu beheben, wie es in den folgenden Teilen dieser Arbeit beschrieben wird.

Weiterhin besteht ein Hauptproblem der Informationssysteme im Unternehmen in der meist mangelnden Integration.

Wie in Abbildung 2 dargestellt, ist meist keine horizontale Integration möglich, da durch die i.d.R. historisch gewachsenen und isoliert entwickelten Anwendungssystem eine heterogene Systemstruktur geschaffen wurde. Dies führt meist zu abgeschlossenen operationalen Systemen, die nicht miteinander kommunizieren können.[48] Es werden zwar große Anstrengungen unternommen, diese Integration zu vollzie-

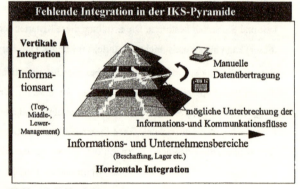

Abbildung 2: Fehlende Integration
(Quelle: Eigene Darstellung)

---

[47] Vgl. Muksch, H., et al., DWH-Konzept, 1996, S. 422.
[48] Vgl. Lindenlaub, F., Webersinke, K., Strukturwandel, 1994, S. 62 ff.

hen, die dazu notwendigen Modifikationen sind aber sehr aufwendig und risikoreich.[49] Weiterhin ist eine vertikale Integration über Hierarchieebenen hinweg meist nur über die manuell Datenaufbereitung und Weitergabe möglich (siehe Abbildung 2). Diese Verfahrensweise ist mit mangelnder Aktualität, Nachvollziehbarkeit und Verläßlichkeit verbunden. Somit existiert meist keine verwendbare Ausgangsbasis für eine umfassende Nutzung der im Unternehmen verfügbaren Daten. Damit entsteht bei zu treffenden Entscheidungen eine Informationsarmut im eigentlich bestehenden Informationsüberfluß.[50]

Diese dargestellten Probleme können zur folgenden Aussage zusammengefaßt werden: „Um im Strukturwandel bestehen zu können und die gegenwärtige Situation der Informationstechnik in den Unternehmen zu bewältigen, ist man auf neue Strategien für die Informationsverarbeitung angewiesen."[51] Dabei können als Grundaufgaben identifiziert werden:

- die Integration der Unternehmensdaten,

- der Zugriff auf alle Daten durch Überwindung der Heterogenität,

- die Bildung eines Informationspools für unternehemensweit relevante Daten als Sammelbecken und logisches Datenzentrum, daß Aggregation, Aufbereitung und Kombination von Daten erlaubt.

Ziel ist die direkte Umsetzung von Daten in Informationen und die Nutzbarmachung dieser bei Entscheidungen in MSS.[52]

Das Data-Warehouse kann als die oben beschriebene neue Strategie der Informationsverarbeitung betrachtet werden. Es ist die erste Ausprägung einer neuen und umfassenden Ausrichtung der Anwendungssysteme auf die Unterstützung durch MSS in Entscheidungssituationen. Dieses Data-Warehouse-Konzept soll in den folgenden Kapiteln näher beschrieben werde. Dabei soll die Beschreibung der Umsetzung der schon dargestellten Anforderungen und Qualitätskriterien aus den MSS im Vordergrund der Betrachtung stehen. Auf spezielle technische Fragen kann im Rahmen dieser Arbeit nicht eingegangen werden. Deshalb wird an diesen Stellen auf vertiefende Literatur verwiesen.

3.2 Entwicklung des Data-Warehouse-Konzeptes

Als Beginn der Entwicklung des Data-Warehouse-Konzeptes, das unter verschiedenen Bezeichnungen wie Atomic Database, DSS-Foundation, Information Warehouse u.a. bekannt

---

[49] Vgl. Muksch, H., et al., DWH-Konzept, 1996, S. 422.
[50] Siehe entsprechende Erkenntnisse aus dem Scheitern von MIS.
[51] Lindenlaub, F., Webersinke, K., Strukturwandel, 1994, S. 70.
[52] Vgl. Lindenlaub, F., Webersinke, K., Strukturwandel, 1994, S. 70 ff.

ist, können die Anfang der 80er Jahre geprägten Schlagwörter Data Supermarket und Super-Datebases angesehen werden. Wegbereiter dieses Konzeptes war die Firma IBM, die 1988 ein internes Projekt mit dem Namen European Business Information System (EBIS) initiierte, das 1991 in die auch noch heute gültige Information Warehouse Strategy überging.[53] Das dabei entwickelte Projekt beinhaltete „... Produkte, Mechanismen und Vorgehensweisen zur Überwindung der Heterogenität und Bewältigung der Informationsexplosion."[54] Als Ziel galt die „... Versorgung autorisierter Einzelpersonen mit zuverlässigen, zeitrichtigen, genauen und verständlichen Geschäftsinformationen aus allen Unternehmensbereichen zum Zweck der Entscheidungsunterstützung ..."[55]. Ab 1993 wurden die ersten Produkte angeboten. Seit Anfang der 90er Jahre wird das Data-Warehouse-Konzept von verschiedenen Hardwareherstellern, Software- und Beratungshäusern im Zuge des schon beschriebenen abzusehenden Strukturwandels in der Informationsverarbeitung aufgegriffen. Maßgeblich geprägt wurde die Entwicklung von Inmon, der als Vater des Data-Warehouses genannt wird. Mit seinem Standardwerk „Building the Data-Warehouse" bildete er die Grundlage für die wissenschaftliche Behandlung des Themas. Da sich der Hauptteil der Entwicklung erst in den letzten Jahren vollzog und sich gegenwärtig vollzieht, ist das Themengebiet des DWH zwar in zahlreichen Veröffentlichungen (speziell in Zeitschriften) beschrieben, aber eine klare und anerkannte Begriffsbestimmung gibt es bis heute nicht. Deshalb existieren viele Auslegungen, die meist ähnliche Inhalte und Meinungen beschreiben, aber auch gegensätzliche Aussagen sind anzutreffen. Dieses Problem wird zusätzlich durch den Umstand erschwert, daß viele andere Entwicklungen und Forschungsgebiete der Informationsverarbeitung direkt oder indirekt mit dem DWH-Konzept verbunden sind. Daraus resultieren eine Vielzahl von Auslegungen und Annahmen zum DWH-Konzept. Deshalb beschäftigt sich das folgende Kapitel mit einer möglichen Begriffsbestimmung.

3.3   Diskussion der Begriffsbildung

Die Schwierigkeit der Definition des Data-Warehouse-Konzeptes zeigt sich anhand der Beschreibungsversuche aus Fachzeitschriften: „... ein Data Warehouse ist eine Architektur, nicht eine Produkt ..."[56] oder „... es ist ein Prozeß und nicht ein erreichbarer Zustand ..."[57]

---

[53] Siehe dazu näher: Lindenlaub, F., Webersinke, K., Strukturwandel, 1994, S. 61 ff.
[54] Muksch, H., et al., DWH-Konzept, 1996, S. 421.
[55] Muksch, H., et al., DWH-Konzept, 1996, S. 421.
[56] Übersetzung von: „... a data warehouse is an architekture, not a produkt ...", aus: Darling, C.B., Intergration of the DWH, 1996, S. 40.

oder „... es ist 90% Fachwissen, 10% Technologie ..."[58]. Aber auch Nachschlagewerke können meist noch nicht zur exakten Begriffseinordnung dienen, da z.B. das Data-Warehouse als System mit dem „... Anspruch, alle Informationen in unterschiedlichen Kombinationen bereitzustellen ..."[59] zu allgemein beschrieben wird.

Um eine Argumentationsbasis zu schaffen, werden im Folgenden die Grundlagen des Konzeptes erläutert, um daraus eine Begriffsbestimmung ableiten zu können.

Das Data-Warehouse-Konzept bildet einen Ansatz zur Datenbereitstellung, um einerseits die aufgezeigten Integrationsbrüche aufzuheben und andererseits das Datenmaterial für eine Nutzung durch MSS aufzubereiten. Grundlage ist dafür die „strikte Trennung zwischen operationalen und entscheidungsunterstützenden Daten und Systemen."[60] Dabei wird eine zentrale Data-Warehouse-Datenbank aufgebaut, die von ihren operativen Vorsystemen streng getrennt ist. Diese Datenbank stellt eine konsistente, unternehmensweite Datenbasis dar. In diese fließen operative Daten aus den operativen System ein. Als entscheidende Erweiterungen zu OLTP-Systemen gehen darüber hinaus auch historische Daten in diese Datenhaltung ein. Alle erfaßten Daten sollen für eine Verwendung in Entscheidungssituationen mit MSS optimiert und in nutzbarer Form als Informationen für verschiedenen Anwender bereitgestellt werden.

Diese Beschreibung zeigt schon den großen und umfassenden Anspruch, der an das DWH-Konzept zu stellen ist. In der Literatur wird der Begriff des Data-Warehouses aber meist sehr eingeschränkt betrachtet, was oft aus sehr spezifischen Betrachtungsweisen resultiert. Als Grundlage dient meist die Definition von Inmon, der das Data-Warehouse als „... subjekt-orientierte, integrierte, nicht-volatiläre und zeitraumbezogene Sammlung von Daten zur Unterstützung des Entscheidungsprozesses ..."[61] definiert. Hervorgehoben wird dabei der direkte Bezug auf unternehmensrelevante Sachverhalte und die Dauerhaftigkeit und Nicht-Änderbarkeit der Daten (bezeichnet als Nicht-Volatilität).[62] Eine dieser Sichtweise entsprechende Beschreibung trifft Mucksch, der DWH als „... von den operativen DV-Systemen isolierte Datenbank umschreiben, die als unternehmensweite Datenbasis für Ma-

---

[57] Übersetzung von: „... it's a process, not a place ...", aus: Darling, C.B., Intergration of the DWH, 1996, S. 40.

[58] Übersetzung von: „... it's 90% expertise, 10 % technologie ...", aus: Darling, C.B., Intergration of the DWH, 1996, S. 41.

[59] Lohmann, S., Datenbank-Management, 1997, S. 1; Nachgeschlagen zu Datawarehouse, Verweis zu Information Warehouse.

[60] Mucksch, H., et al., DWH-Konzept, 1996, S. 422.

[61] Übersetzung von: „... a subject oriented, integrated, nonvolatile, and time variant collection of data in support of management's decisions ...", aus: Inmon, W.H., Building DWH, 1996, S. 33.

[62] Vgl. Mucksch, H., et al., DWH-Konzept, 1996, S. 422 und S. 428.

nagementunterstützungssysteme dient."[63] Auch andere bauen auf die Sichtweise Imnons auf und beschreiben DWH als Datenbank, die Nicht-Produktions- und Nicht-Transaktionsdaten enthält und die drei folgenden Kriterien zu erfüllen hat:

1. Möglichkeit der Intergration von Information (gemeinsames Verständnis der Daten, Interpretationsfähigkeit)

2. Erfassung auch historische Daten

3. Beinhaltung von zusammengefaßten und auch detaillierten Daten[64]

Auch Scheer beschreibt das DWH als „... eine informative Datenbank, in der unternehmensspezifische, historische und damit unveränderliche Daten unterschiedlichster Quelle gesammelt werden."[65]

Den bisher dargestellten Definitionen ist gemeinsam, daß sie eine sehr stark auf die Datenhaltung ausgerichtete Sichtweise darstellen. DWH wird somit als Sammeltopf der Daten und damit als zentrale Datenbank beschrieben.[66]

Diese Sichtweise ist im Rahmen dieser Arbeit nicht ausreichen, da eine reine Datenhaltung keine ausreichende Basis für eine Verbesserung der Unterstützung durch MSS darstellt. Zusätzlich ist, wie schon das negative Beispiel der MIS im Abschnitt 2 zeigte, die Bereitstellung von Daten nicht ausreichend, um einen umfassenden Einsatz und die breite Verwendung im Unternehmen zu erreichen. Dies kann erst durch die Anwendung und Umsetzung in konkreten, anwendbaren Applikationen für die potentiellen Nutzer erfolgen.[67]

Deshalb kann davon ausgegangen werden, daß mit den oben gemachten Beschreibungen noch nicht der volle Umfang des DWH-Konzeptes wiedergegeben wurde. Die Orientierung auf eine zentrale Datenbank, auch als Data-Warehouse-Datenbank bezeichnet, ist aber ein entscheidender Bestandteil dieses Konzeptes. Deshalb kann man diese Data-Warehouse-Datenbank auch als DWH im engeren Sinne bezeichnen.

Als Erweiterung, um das gesamte DWH-Konzept beschreiben zu können, ist eine Betrachtung im weiteren Sinne erforderlich, die im Folgenden vorgenommen wird.

Weiterführende Definitionen orientieren sich mehr an einer unternehmensweiten Sichtweise, wie z.B. die Butler Group, die das DWH als „... eine logische Sichtweise auf die Unter-

---

[63] Muksch, H., et al., DWH-Konzept, 1996, S. 421.
[64] Vgl. Vowler, J., Virtual Warehousing, 1996, S. 26.
[65] Scheer, A.-W., DWH und DM, 1996, S. 74.
[66] Vgl. Schaudt, A., Parallelrechner, 1996, S. 18.
[67] Vgl. o. A., DWH-Keynotes, 1996, S. S3. Siehe auch Betancourt, R., Understanding DWH, 1996, S. 7.

nehmensdaten zur Bereitstellung von Informationen für die Entscheidungsunterstützung ..."[68] sieht.

Eine weitere Betrachtungsrichtung besteht in der Darstellung des DWH als Plattform oder Basis für Anwendungssysteme im Unternehmen.. So wird das DWH gesehen als „... ein einzelnes integriertes Lager, daß die infrastrukturelle Basis für Informations-Anwendungen im Unternehmen bietet ..."[69] oder auch als „... eine Plattform, die man benutzt, um die Daten verschiedener übergreifender Abteilungen einer Organisation zu speichern und zu unterhalten ..."[70]. Andererseits kann aber auch der unternehmenspolitische Aspekt hervorgehoben werden. Dieser wird in der Aussage, das DWH „... sammelt und vereinheitlicht Daten von unterschiedlichen Datenbanken, die auf abgeschlossenen zurückgehaltenen Abteilungssystemen gehalten werden ..."[71] wiedergegeben.

Weiterhin sind in die Betrachtung die konkreten Nutzungsmöglichkeiten des DWH und damit die ermöglichte Unterstützung des Nutzers durch MSS explizit einzubeziehen. Diese Möglichkeiten werden in den folgenden Definitionen deutlich, die DWH als „... Extraktion von Transaktionsdaten in eine separate Speicherung mit sorgfältig indizierten 'Metadaten' für analytische Zwecke ..."[72] und als Zusammenfassung von Transaktionen zu zeitbezogenen Serien zum Darstellen und Analysieren[73] beschreiben.

Diese zusätzlichen Aspekte des DWH-Konzeptes verdeutlichen den Umfang dieses Konzeptes, so daß, wie in der Definition von Gluckowski, von einer Systemlösung ausgegangen werden kann. Danach ist „... unter einem Data Warehouse eine Systemlösung zu verstehen, die die unternehmensweite Versorgung der Front-End-Systeme zur Managementunterstützung mit den benötigten Informationen zu gewährleisten hat."[74]

Aber auch in dieser Beschreibung ist das Konzept nicht umfassend genug beschrieben, da diese nicht das Ziel des DWH-Konzeptes, die tatsächlichen Entscheidungsunterstützung des Nutzers, ausreichend erfaßt. In der Vergangenheit wurde vielfach der Fehler gemacht,

---

[68] Übersetzung von: „... one logical view of enterprise data providing information for decision support ...", in: o. A., DWH-Keynotes, 1996, S. S1.

[69] Übersetzung von: „... a single integrated store which provides the infrastructural basis for information applications in the enterprise ...", in: o. A., DWH-Keynotes, 1996, S. S3.

[70] Übersetzung von: „... a platform in which you are going to store and maintain data from crossfunctional areas of an organisation ...", in: o. A., DWH-Keynotes, 1996, S. S3.

[71] Übersetzung von: „... collects and unifies data from multible databases held on closely guarded departmental systems ..." (Stephenson, J., von The Butler Group), in: o. A., DWH-Keynotes, 1996, S. S3.

[72] Übersetzt von: ...the extracion of online transactional data into deperate storage as carefully indext „metadata" for analytical purposes...", aus: Marshall, M., DWH-Worries, 1996, S. 16.

[73] Vgl. Tanler, R., DWH on Intranet, 1996, S. S34 ff.

[74] Gluchowski, P., DWH-Schlagwort, 1997, S. 48.

daß der Benutzer, als eigentliche Zielperson der Informationsverarbeitung, vernachlässigt wurde. Deshalb sollte nicht das Sammeln von Daten, sondern „... die Unterstützung des End-Users mit Front-End-Werkzeugen, die leistungsfähig und einfach zu verstehen sind ...“[75] im Vordergrund der Betrachtung stehen.

Aus diesem Grund muß das DWH-Konzept „... Datenmanagement und Analyse-Technologie ...“[76] umfassen. Somit ist es angebracht, einen 3-schichtiger Aufbau des DWH-Konzeptes abzuleiten, wobei das DWH selbst als ein MSS gesehen werden kann.

Die drei Schichten können charakterisiert werden als:

- **Operationelle Schicht**
  - bestehende OLTP Systeme fungieren als Lieferatnen der Daten. Die Daten werden mit Hilfe spezieller Prozesse in die nächsthöhere Stufe transferiert

- **Warehouse Storage**
  - als zentrale Datenablage aller relevanten Daten. Dabei werden die Daten in möglichst allgemeiner Form abgelegt und nicht ausschließlich auf die speziellen Bedürfnisse einer Applikation ausgerichtet.

- **Analytische Schicht**
  - umfaßt unterschiedliche und sehr spezialisierte Applikationen zur Auswertung der Daten. Die Auswertung benutzt dabei verschiedene Verfahren wie Visualisierung, Analysen, Reporting, etc.[77]

Es wird deutlich, daß alle bisher aufgeführten Definitionen das DWH in dieser 3-schichtigen Beschreibung enthalten sind. Aber erst die vollständige Betrachtung aller 3 dargestellten Schichten erfassen das DWH-Konzept in seiner Gesamtheit ausreichend. Damit kann dies als Darstellung des DWH i.w.S. verwendet werden. In den folgenden Ausführungen wird generell von dieser Sichtweise ausgegangen.[78] Darauf aufbauend wird im folgenden Abschnitt eine Einordnung verwandter Themengebiete zur Beschreibung des DWH-Umfeldes vorgenommen.

3.4 Umfeld des DWH-Konzeptes

Besonders im Ausland wird eine sehr heftige Diskussion um das DWH geführt. Deshalb erscheint es sinnvoll, noch einen weiteren Begriff, nämlich On-Line Analytical Processing (OLAP) einzuordnen. OLAP wird oft als Motivation für die Einführung von DWH be-

---

[75] Übersetzung von: „... provide end user with front-end tools that are powerful and easy to understand ...“, aus: Strehlo, K., DWH-Obsolescence, 1996, S. 32.

[76] Darling, C.B., Intergration of the DWH, 1996, S. 41.

[77] Vgl. Taube, P., DWH-Einordnung, 1996, Ohne Numerierung.

[78] Dabei wird im Folgenden DWH und DWH-Konzept synonym benutzt.

schrieben. Beim OLAP soll dem „... Endanwender ein integrierter, konsistenter Kennzahlenbestand zur Verfügung gestellt werden, von dem er selbständig ad hoc Informationen abfragen kann, die Ausgangspunkt betriebswirtschaftlicher Analysen und Berichte sind."[79] Aus dieser Beschreibung wird die enge Verwandtschaft zum DWH deutlich. Dabei läßt sich OLAP als „... Teilaspekt in das begrifflich umfassendere Data Warehouse-Konzept einordnen, das über die multidimensionale Zahleninformation hinaus auch alle übrigen Datenarten, wie z. B. Dokumente und Bilddaten, miteinbezieht."[80] OLAP-Tools können dabei ein wichtiger Bestandteil der Auswertungstools[81] innerhalb des DWH-Konzeptes sein, wie in den folgenden Kapiteln noch beschrieben wird. OLAP ist durch die von Codd et al. aufgestellten 12 Regeln, die bisher auf 50 Regeln erweitert wurden, detailliert beschrieben.[82] Die Regeln bilden OLAP vollständig ab. Sie beschreiben aber nur einen Teil der DWH-Charakteristika, da beim DWH zusätzlich Standardsoftwarekomponenten im Bereich des Copy- und Extrakt-Managements, Datenmodellierung, Datenzugriff, Erfassung und Verwaltung von Metadaten zum Einsatz kommen können.[83] Die Regeln beschreiben aber die Grundgedanken des DWH-Konzeptes. Deshalb werden sie in Tabelle 3 dargestellt.

OLAP-Anforderungen	Kurzbeschreibung
1. Multidimensionelle konzeptionelle Sicht auf die Daten	mehrdimensionale Sicht auf das Datenmaterial als adäquate Darstellungsform und Datenanalyse
2. Transparenz	technische Umsetzung muß vor dem Nutzer vollständig verborgen bleiben
3. Zugriffsmöglichkeiten	Zugriff auf alle relevanten Unternehmensdaten durch das OLAP-Tool gewährleistet
4. Konsistenz Leistungsfähigkeit	Unabhängigkeit der Abfragegeschwindigkeit von Anzahl der Dimensionen und Verdichtungsebenen
5. Client/Server-Architektur	Integration in C/S-Umgebung um auf unterschiedliche Quellen zuzugreifen und diese logisch integrieren zu können
6. Generische Dimension	Einheitlichkeit der Dimensionen nach ihrer Struktur und Funktionalität
7. Dynamische Handhabung dünn besetzter Matrizen	Anpassung des physischen Schemas des OLAP an das logisch erforderliche
8. Mehrbenutzerunterstützung	Mehr als ein Nutzer
9. Unbeschränkte dimensionsübergreifende Operationen	Berechnungen auch über mehrere Dimensionen hinweg ermöglichen
10. Intuitive Datenanalyse	intuitive Navigation und Manipulation

---

[79] Jahnke, B. et al., On-Line Analytical Processing, 1996, S. 321.
[80] Jahnke, B. et al., On-Line Analytical Processing, 1996, S. 321.
[81] Als Bestandteil der 3. Schicht des DWH-Konzeptes.
[82] Vgl. Jahnke, B. et al., On-Line Analytical Processing, 1996, S. 321.
[83] Vgl. Muksch, H., et al., DWH-Konzept, 1996, S. 421.

11. Flexibles Berichtswesen	Beliebige Ausschnitte sind darstellbar
12. Unbegrenzte Anzahl von Dimensionen und Konsolidierungsebenen	Keine Einschränkungen der Anzahl der Dimensionen und Konsolidierungsebenen zur Darstellung betriebswirtschaftlicher Sachverhalte

Tabelle 3: OLAP-Regeln
(Quelle: In Anlehnung an: Jahnke, B. et al., On-Line Analytical Processing, 1996, S. 323)

Im Zusammenhang mit dem sehr umfassenden DWH-Konzept werden auch verschiedene Abwandlungen und Vereinfachungen diskutiert. Diese sollen im Folgenden zum allgemeinen Verständnis nur kurz umrissen werden.

Den dargestellten Aufbau eines unternehmensweiten Data-Warehouses streben aus Zeit-, Kosten- und Komplexitätsgründen nicht alle Unternehmen an. Allein die Datenmodellierung für eine zentrale Datenbank bedeutet einen enormen Aufwand, was sich schon bei den zahlreichen vergeblichen Versuchen, ein unternehmensweites Datenmodell im Unternehmen zu errichten, zeigte. Deshalb werden am Beginn eines DWH-Projektes meist Data Marts eingerichtet.[84] Data Marts stellen dabei kleinere Teile eines umfassenden Data-Warehouses dar.[85] Damit werden Teillösungen geschaffen, bei denen es sich um einen Ausschnitt aus der unternehmerischen Wirklichkeit, beispielsweise um die Abbildung einer Region, einer bestimmten Produktgruppe oder einer betrieblichen Funktion, etwa dem Vertrieb, handelt. Diese Data Marts können in relativ kurzen Fristen zu vergleichsweise geringen Kosten realisiert werden.[86] Diese Teillösungen können schrittweise zu einem umfassenden DWH weiterentwickelt werden.

Eine weitere Entwicklungtendenz innerhalb des DWH-Konzeptes, deren Hauptgrund die Senkung von Kosten und Ressourceneinsatz darstellt,[87] ist die Gestaltung des DWH als Virtual DWH (Virtuelles DWH oder auch als operationales DWH bezeichnet).[88] Diese Lösung kann als low-cost-Alternative angesehen werden, da keine physische DWH-Datenbank eingerichtet wird. Die Daten bleiben somit in den produktiven Systemen und werden über spezielle Anbindungen nutzbar gemacht. Dabei erfolgt keine Trennung operativer und analytischer System, wie im DWH-Konzept gefordert.[89] Dies führt nach Expertenmeinungen dazu, daß gravierende Leistungsnachteile bei produzierenden Systemen zu verzeichnen sind. Deshalb stellt diese Lösung nur eine Teil- oder Interimslösung dar.

---

[84] Vgl. Foley, M.J., New DB Technologies, 1996, S. 49.
[85] Vgl. Rudin, K., New in Data Warehousing, 1996.
[86] Vgl. o. A., Aufbau von Data Marts, 1996, S. 52.
[87] Zu Zielen und Techniken des Virtuell DWH siehe auch: Appleton, E.C., Use DWH, 1996, S. 34 ff.
[88] Vgl. Rudin, K., New in Data Warehousing, 1996.
[89] Siehe Beispiel der Chedoke-McMaster Hospital mit Sybase Virtuell DWH in: Foley, M.J., New DB Technologies, 1996, S. 49.

Damit ist ein Virtual DWH nur als ein Aufsatz zu verstehen und bietet „... weder Datenintergration, Historik noch Zusammenfassungen, und ist somit kein Data Warehouse."[90]

3.5 Ziele und Nutzen des DWH

Nachdem nun das DWH-Konzept und dessen Umfeld beschrieben wurde, werden in den folgenden Abschnitten einige ausgewählte Aussagen zu Zielen und Nutzen des Einsatzes von DWH, aufbauend auf den schon gemachten Aussagen, vertieft.

Im Rahmen einer Zielbetrachtung ist herauszustellen, daß das DWH als eine wertvolle Technik betrachtet werden kann, die dazu dient, bessere Entscheidungen zu ermöglichen und, was im Umfeld der MSS viel wichtiger ist, weniger falsche Entscheidungen zu treffen.[91]

Das Hauptanliegen des DWH ist der Aufbau und die Bereitstellung einer Informationsbörse für vielfältige Entscheidungen um Unternehmen. Dazu müssen ständig aktualisierte Informationen aus den eigenen Datenbeständen und aus externen Quellen bereitgehalten werden. Dies resultiert aus den schon beschriebenen Druckkräften, die auf die Unternehmen wirken. Diese führen dazu, daß ehemals strategische Planungen mit Gültigkeitsdauern von 5 Jahren und mehr heutzutage kaum noch erfolgen können und durch Real-Time-Strategien mit kurzen Fristen abgelöst werden müssen. Ein entscheidendes Instrument dazu ist das DWH.[92] Deshalb ist die Aussage zutreffend: Beim DWH Fehler zu machen ist ebenso riskant, wie den DWH-Trend zu verschlafen.[93]

Zusätzlich wird die Bedeutung des DWH durch seine weitreichenden Einsatzmöglichkeiten verstärkt, da das DWH und dessen Nutzung nicht nur auf einzelne Unternehmensbereiche oder Abteilungen beschränkt ist. Hauptanwendungsgebiete sind:

- Marketing-Informationen,
- Kunden-Informationssysteme (z.B. Katalogunternehmen) und das
- Bankwesen (Kreditkarten, Kreditvergabe, Fehlervorbeugung).[94]

Diese Aussage wird durch eine Umfrage der Meta Group bei 1000 Unternehmen weltweit gestützt.[95] Demnach werden die meisten DWH für das Marketing (vor allem in Einzelhan-

---

[90] Übersetzung von: „... either data integration, history or summarisation, so it isn't a data warehouse." Aus: Vowler, J., Virtual Warehousing, 1996, S. 26.
[91] Vgl. Knowles, J., Explore DWH, 1996, S. 30.
[92] Vgl. o. A., DWH-Keynotes, 1996. S.S4.
[93] Vgl. o. A.,Geschäftskritisches Data-Warehouse, 1996, S. 1 f.
[94] Vgl. Lawton, G., DWH-Applications, 1996, S. 18 ff.
[95] Vgl. o. A., Kosten für MSS, 1996, S. 7.

dels- und Finanzdienstleistungsunternehmen) implementiert. Es folgen Kundeninformationssysteme (Finanzwirtschaft und Energieversorger) sowie DWH für Vertrieb und Finanzen (Einzelhandel, Distributions- und Transportunternehmen).

Als konkrete Ziele des DWH werden von den verantwortlichen Fachleuten in einer Studie von 367 Senior-IT-Executives der Standish Group International Inc. angegeben:

⇒ Wahrnehmung als Kern-Erfordernis des Geschäfts (48%)

⇒ Gewinn an Marktanteil (25%),

⇒ Kostensenkung (16%),

⇒ Erhöhung der Einkünfte (11%).[96]

Neben diesen betriebswirtschaftlichen Zielen besteht das Hauptziel auf technologischer Seite in der Realisierung der Unabhängigkeit der Daten von den Applikationen.[97] Dies wird durch die strikte Trennung von den operationalen Systemen durch die DWH-Datenbank erreicht. Dies erfordert aber einen hohen Ressourceneinsatz, der aus der nötigen Integration der Daten und ihrer redundanten Datenhaltung in der DWH-Datenbank resultiert. Deshalb wird der Einsatz eines DWH in der Praxis oft als kritisch bezeichnet, da laut Gartner Group durchschnittlich Einstiegsinvestitionen von etwa 3 Millionen Dollar für eine DWH-Implementierung nötig sind.[98] Durch das Vorhalten von redundanten Informationen wird aber dafür gesorgt, daß unglücklich formulierte Datenrecherchen nicht den operativen Betrieb lahmlegen.[99] Dadurch wird also eine Entlastung dieser produktiven Systeme erreicht.

Zusätzlich ist festzustellen, daß angenommen wird, daß sich zukünftige Entwicklung der Datenhaltung vom Tera-Byte-Umfang (Tera entspricht 10^{12}) in den Peta-Byte-Bereiche (Peta entspricht 10^{15}) vollziehen werden. Damit muß das DWH zwangsläufig als Basis für die MSS angesehen werden, da diese großen Datenmengen durch transaktionale Operationen zur Analyse in OLTP-Systemen nicht mehr benutzt werden können.[100]

Eine konkrete Nutzenbetrachtung anhand des Return on Investment (ROI) ist beim DWH meist nur sehr schwer möglich. Zusammenfassend wird in einer Studie der IDC festgestellt, daß der ROI nach 3 Jahren durchschnittlich 401 % beträgt und es durchschnittlich 2,3 Jahre bis zum „payback" der DWH-Kosten dauert.[101] Dabei können diese Werte aber nicht verallgemeinert werden, da ein DWH von den konkreten Anwendungsbedingungen stark be-

[96] Vgl. Comaford, C., DWH- Decisions, 1996, S. 18.
[97] Vgl. o. A., DWH-Keynotes, 1996, S. S6.
[98] Vgl. Rosenhagen, J., DWH und C/S, 1996, S. 46 ff..
[99] Vgl. Gfaller, H., Nutzer, 1995.
[100] Vgl. Vowler, J., Virtual Warehousing, 1996, S. 26.
[101] Vgl. Diggelmann, A., Innovative Zugänge zu Daten, 1996, S. 3.

einflußt wird. Besonders die Nutzerakzeptanz und die Koppelung von DWH und Business Prozess Reengineering sind wesentliche Voraussetzungen für den DWH Erfolg.[102] Es ist nicht genau nachzuweisen, wie groß der Wert der ermöglichen Informationen und der damit erreichten Unterstützung durch eine DWH ist. Ein Nutzen ist aber allein schon beim Zeitgewinn der Informationbereitstellung festzustellen.[103]

Beispielhaft kann hier die Situation bei Pacific Care (USA) angeführt werden. In der Vergangenheit dauerte es 90-120 Tage bis ein neuer Report durch die überlasteten COBOL-Programmierer erstellt werden konnte. Damit war natürlich keinerlei Flexibilität und Aktualität zu erreichen. Nach der Einrichtung eines DWH und entsprechender Abfragetools ist es möglich, neue Reports in einer halben Stunde zu erstellen.[104]

Zusätzlich zu diesen sehr beeindruckenden Ergebnissen muß beachtet werden, daß der Nutzen nicht nur in quantifizierbaren Größen wie Verkaufssteigerung und Kostensenkungen gesehen werden kann, sondern in einer „... endlosen Folge von bescheidenen Einblicken und ermöglichten Nutzen ...“[105] besteht. Mit dieser Aussage wird auch schon eine weitere Besonderheit des DWH beschrieben. Konkrete Nutzenwerte bei einzelnen Anwendungen sind bei genauer Betrachtung gar nicht das Ziel eines DWH, sondern die breite Unterstützung in einer Vielzahl von Entscheidungssituationen. Deshalb ist das DWH keine einfache Anwendungsentwicklung, da der Einsatz, Zweck und die konkrete Anwendungsaufgabe bei der Entwicklung noch nicht vollständig feststehen und erst in Zukunft auftreten. Damit ist eine unabhängige Realisierung geboten um auch in 3-5 Jahren noch Antworten zu finden, wobei die Fragen heute noch nicht bekannt sind.[106] Daraus ergibt sich, daß die Einrichtung eines Data-Warehouses eine absolut geschäftskritische Aufgabe ist. Aus diesem Grund sind zitierfähige Referenzen sehr selten, da der erreichbare Wettbewerbsvorteil in der Wirtschaft so lange wie möglich erhalten werden soll.[107]

Mit diesen Ausführungen wurden die konkreten Intentionen einer DWH-Entwicklung umschrieben. Daneben sind die in den vorangegangenen Abschnitten gemachten Anforderungen an die Managementunterstützung weiterhin gültig und stellen Ziele der DWH-Entwicklung dar.

---

[102] Vgl. Knowles, J., Explore DWH, 1996, S. 30.
[103] Vgl. Wesseler, B., DWH-Stärken, 1996, S. 21 ff.
[104] Vgl. Appleton, E.C., DWH and OLAP, 1996, S. 94 ff.
[105] Übersetzung von: „... endless series of modest insights and gains ...“, aus: Knowles, J., Explore DWH, 1996, S. 30.
[106] Vgl. Lawton, G., DWH-Applications, 1996, S. 18 ff.
[107] Vgl. Wesseler, B., DWH-Stärken, 1996, S. 21 ff.

Wie diese Beschreibungen zeigen, sind im DWH-Konzept vielfältige Aufgaben zu erfüllen. Deshalb wird eine unterteilte Architektur angewandt, die in den folgenden Abschnitten beschrieben wird.

3.6 Architektur des DWH

3.6.1 Funktionsweise und Architekturkomponenten

Die Beschreibung der Architektur des DWH ist in der Literatur dadurch gekennzeichnet, daß alle Anbieter und Berater meist unterschiedliche Beschreibungen, Aufteilungen und Architekturumfänge darstellen. Deshalb wird im Folgenden eine Basisarchitektur beschrieben, die das DWH-Konzept wiedergibt. Der grundlegende Funktionsablauf innerhalb des DWH wird durch die in Abbildung 3 dargestellten Prozeßkette verdeutlicht.

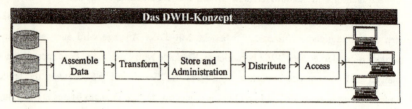

Abbildung 3: Prozeßablauf des DWH-Konzeptes
(Quelle: Eigene Darstellung, Erweiterung von: Rosenhagen, J., DWH und C/S, 1996, S. 47)
Dieser Prozeß wird im Folgenden in Kurzform beschrieben.

Den Ausgangspunkt bilden die bestehenden operativen Systeme des Unternehmens und externe Datenbestände. Diese werden einer Analyse unterworfen, bei der beispielsweise Informationsaudits durchgeführt werden, um den Informationsbedarf und -bestände im Unternehmen erfassen und bewerten zu können. Diese Bestimmung der relevanten Daten und ihrer Herkunft ist das erste große Problem bei der DWH-Entwicklung, da dabei das Besitzstandsdenken im Unternehmen zugunsten einer offenen Unternehmenskultur aufgegeben werden muß.[108] Nachdem die Daten und deren Quellen identifiziert sind, müssen diese Daten in eine gemeinsame Datenhaltung überführt werden. Dazu sind vielfältige Konsolidierungs-, Transformations-, Integrations- und Formatierungsoperationen nötig, um eine konsistente DWH-Datenbank zu schaffen. Nachdem die Daten und ihrer Repräsentation feststehen, sind die Daten in einem bestimmten Rhythmus in diese DWH-Datenbank zu übernehmen und damit zu speichern. Besonders wichtig ist in diesem Zusammenhang auch

---

[108] Vgl. Fisher, D., DWH-Technologie,1996, S. 22 ff.

die Behandlung der Metadaten, auf die an entsprechender Stelle noch eingegangen wird. Nachdem die Daten gespeichert vorliegen, sind sie zu verwalten und zu pflegen (Archivierung etc.). Zur Nutzung der Daten müssen diese durch geeignete Mittel im Unternehmen bereitgestellt werden und durch Zugriffs- und Analyse-Tools für die potentiellen Anwender nutzbar gemacht werden.

Anhand dieser Beschreibung lassen sich die einzelnen Architekturbestandteile identifizieren. Dies sind bei der 5-Komponenten-Architektur in Anlehnung an Lawton:[109]

1. Sammeln der Transaktionsdaten von ihren Plattformen
2. Säuberung und Aufbereitung dieser Daten (Behandlung auftretender Redundanzen, Transformation verschiedener Datenstrukturen und Formate)
3. Physische Speicherung und Verwaltung der Daten
4. Middleware zur Schaffung der Zugriffsmöglichkeit auf die gespeicherten Daten von einer Anzahl von Client-Plattformen
5. End-Benutzer-Tools zur Datenabfrage

Wie schon bei der Begriffsbestimmung deutlich wurde, werden verschiedene Ausprägungen und Umfänge des DWH-Konzeptes beschrieben. Daraus resultieren auch verschiedenen Architekturansätze. In der Abbildung 4 wird ein Überblick über die Architekturbeschreibungen in der Literatur gegeben.

---

[109] Vgl. Lawton, G., DWH-Applications, 1996, S. 18 ff.

Funktion/Prozeß 5-Komp.-Architektur (s.o.)	Nach Darling[110]	Nach Mucksch[111]	Nach Gartner Group[112]	Aktionen nach Gartner Group
1. Extraktion, Assemble Data	Construktion Components	Transformations-programme	Operational Data Stores	DB DB2. etc.
2. Transform and Load			Data Conversion / Extraction	Data Integration Conver / Transform Agregate Refresh / Update
3. Store	Operation Components	Datenbasis	Data Warehouse, DBMS	Data Model Large Database Complex Queries Workload Management
Administration		Archivierungs-system Metadatenbank-system	Data Warehouse Administration	Advisory Capabilities Security Chargeback Pre-Defined Queries Metadate Management Replication
4. Distribute	Access Components		Business Intelligence Tools	End User Query Report Writers
5. Access / Presentation				Analtical Processing

Abbildung 4: Vergleichende Darstellung ausgewählter DWH-Architekturmodelle (Quelle: Eigene Darstellung, Gliederung nach: Thomas, K., DWH Gartner-Group, 1996, S. 11)

Im Rahmen dieser Arbeit wird die schon erwähnte und in der 1. Spalte der Abbildung 4 dargestellte 5-Komponenten-Architektur nach Lawton benutzt, da diese eine umfassende Darstellung und auch eine klare Strukturierung nach Aufgabenbereichen erlaubt. Diese Architektur ist in Abbildung 5 zusammenfassend dargestellt.

---

[110] Vgl. Darling, C.B., Intergration of the DWH, 1996, S. 41.
[111] Vgl. Muksch, H., et al., DWH-Konzept, 1996, S. 422 ff.
[112] Vgl. Thomas, K., DWH Gartner-Group, 1996, S. 11.

27

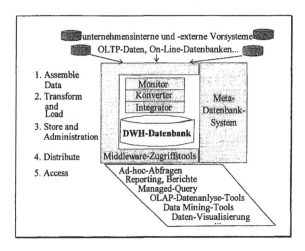

Abbildung 5: DWH-Architektur
(Quelle: Eigene Darstellung)

Die einzelnen Komponenten sollen in den folgenden Abschnitten skizziert werden.

3.6.2 Extraktion und Sammeln der Daten

Die Daten, die für ein DWH von Interesse sind, können durch das nicht eindeutig festzulegende Aufgabenspektrum möglicher Auswertungen nur sehr schwer bestimmt werden. Erschwerend kommt hinzu, daß verschiedenste Daten, wie die Abbildung 6 zeigt, in ein DWH einfließen können, aber auch müssen, um eine Managementunterstützung zu realisieren.

Die genaue Identifikation der benötigten Daten, ihrer Quellen und Entstehungsweisen ist meist nicht einfach. Dies resultiert aus der in der Praxis festzustellenden Tatsache, daß im Unternehmen meist sehr viele unterschiedliche Datenhaltungen in verschiedenen, meist inkompatiblen und nicht konsistenten Formen bestehen. Für das DWH stellen

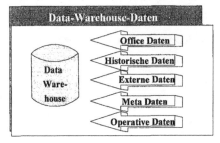

Abbildung 6: DWH-Daten
(Quelle: In Anlehnung an: Thomas, K., DWH-Implementierung, 1996, S. 3)

aber alle Daten potentielle Bestandteile dar, die in der DWH-Datenbank zu erfassen sind.

Das führt bei den Unternehmen zu möglicherweise sehr großen Problemen, da Großunternehmen zum Teil über mehr als 50 verschieden interne Datenquellen verfügen. Diese reichen von Mainframe-Datenbanken bis zu PC- oder Workstation-Systemen. Dabei wird geschätzt, daß 90 % aller Daten aus proprietären Großrechnersystemen stammen.[113]

Wie die Abbildung 6 zeigt, sind noch weitere Daten für das DWH relevant. Besonders wichtig ist die Beachtung externer Daten, durch deren Nutzung neue Informationsgewinnungsmöglichkeiten erschlossen werden können. Dies kann, besonders im Vergleich mit der gegenwärtigen Verwendung meist ausschließlich interner und damit beschränkter Daten, eine neue Qualität der Informationsgewinnung und -nutzung im Unternehmen darstellen. Beispielsweise können externe Daten aus Online-Datenbanken, -Informationssystemen und aus dem Internet genutzt werden.

3.6.3 Transformation und Laden

Ein Hauptproblem der DWH-Entwicklung besteht in der Zusammenführung und Verdichtung der beschriebenen Daten in der zentralen DWH-Datenbank. Dabei sind vielfältige Probleme zu beheben, auf die hier nicht näher eingegangen werden kann.[114] Dies betrifft z.B. Inkompatibilitäten der Systemplattformen, der Datenhaltungen und -bestände[115], aber auch Konsistenzprobleme, Interpretations- und Beschreibungsunterschiede der Daten erschweren diese Aufgabe erheblich. Diese Probleme resultieren meist aus den unterschiedlichen Hardware- und Softwareplattformen der verwendeten Rechnersysteme. Die unterschiedlichen Plattformen, die im Unternehmen anzutreffen sind, werden in Abbildung 18 auf Seite 78 dargestellt.

Die Zusammenführung und Integration der Daten nimmt einen Großteil der Investitionen des DWH in Anspruch. Es ist festzustellen, daß 80% der benötigten Projektzeit der DWH-Entwicklung für die Tätigkeiten in den beschriebenen ersten Phasen benötigt werden.[116]

Nach der erstmaligen Festlegung der Transformationsvorschriften muß die Transformation der Daten automatisch in die DWH-Datenbank vorgenommen werden. Dabei werden durch ein Monitor-System die Quelldaten analysiert und bei Änderungen automatisch, in bestimmten Zyklen periodisch oder manuell zur Übernahme in die DWH-Datenbank bereit-

---

[113] Vgl. Rosenhagen, J., DWH und C/S, 1996, S. 47.
[114] Nähere Beschreibungen in Muksch, H., et al., DWH-Konzept, 1996, S. 421 ff.
[115] Vgl. Lawton, G., DWH-Applications, 1996, S. 18 ff.
[116] Vgl. Greenfield, L., DWH-Success, 1996, S. 76 f.

gestellt.[117] Diese Daten werden durch den Konverter in eine verarbeitbare Form transformiert und durch den Integrator in die DWH-Datenbank eingefügt.[118]

3.6.4 Speicherung und Administrierung

Die Speicherung und damit die Realisierung des DWH ist erst mit der modernsten Hard- und Software ermöglicht worden. Durch den sehr umfassenden Anspruch, der an das DWH zu stellen ist, wird seine Datenbasis schnell sehr groß, wie die Tabelle 4 verdeutlicht.

Deshalb wird sehr häufig die Notwendigkeit des Aufbaus dieser DWH-Datenbank diskutiert, wie auch die Erläuterungen zu dem Begriff Virtual DWH zeigten.

Rang	Organisation	Prozessor	Architektur	DBMS	Größe (GB)
1.	Wal-Mart Stores	NCR 3600/5100	MPP	Teradata	2,000
2.	Sears-Roebuck	NCR 3600	MPP	Teradata	1,700
3.	Lucent Techn.	NCR 3600	MPP	Teradata	1,248
4.	Equitable Life	IBM ES9000	Mainframe	DB2	1,000
5.	Tel-Way	IBM SP	MPP	DB2 PE	700
6.	Transparent	NCR 1012	MPP	Teradata	680
7.	Kmart	NCR 3600	MPP	Teradata	660
8.	Barclays Bank	NCR 3600	MPP	Teradata	660
9.	Health Source	IBM ES9000	SMP	Red Brick	600
10.	BFZEQ	IBM ES9000	Mainframe	CA-IDMS	600

Tabelle 4: Datenbankgröße der 10 größten entscheidungsunterstützenden Datenbanken (USA)
(Quelle: In Anlehnung an: Grimm, C., DWH on MPP, 1996, S. 104)

In der Praxis wird die Notwendigkeit der redundanten Datenhaltung in einer DWH-Datenbank meist bestätigt.[119] Gründe dafür sind:

1. Entlastung operativer Datenbanken von komplexen Anfragen, die den Transaktionsbetrieb stören können.

2. Operative Datenbanken können von historische Daten befreit werden, da sie im DWH verfügbar sind.

3. Der Verbindungsaufbau (auch nur kurzfristig) zu externen Datenbanken wird ermöglicht.

4. Annotationen und Manipulationen der Daten können vorgenommen werden, die in operativen Systemen nicht möglich sind.

5. Es besteht die Möglichkeit der Bereinigung fehlerhafter oder mehrdeutiger Daten.[120]

6. Die Systembelastungen ist sehr unterschiedlich (bei MSS sind diese schwankend mit Höchsbelastungen; bei operationalen Systemen sind nahezu konstante Belastung festzustellen).[121]

---

[117] Vgl. Muksch, H., et al., DWH-Konzept, 1996, S. 425.
[118] Vgl. Schreier, U., Verarbeitsungprinzipien in DWH, 1996, S. 83 ff.
[119] Vgl. Wesseler, B., DWH-Stärken, 1996, S. 22.
[120] Vgl. Schreier, U., Verarbeitsungprinzipien in DWH, 1996, S. 81 ff.

Der Umfang, den die DWH-Datenhaltung erreichen kann, erfordert eine sehr leistungsfähige und auf die DWH-Anforderungen ausgerichtete Datenbank. Zum Einsatz kommen deshalb abfrageoptimierte relationale und multi-dimensionale Datenbanken (MDD). Die Auswahl der Datenbank erfolgt dabei in Abhängigkeit von dem geplanten Einsatz innerhalb der Managementunterstützung. Dies bedeutet beispielsweise, sind OLAP-Tool geplant, ist eine MDD sinnvoll, da diese der Verarbeitungsstruktur des OLAP ähnelt.[122] Diese mehrdimensionalen Datenbanken, die die Speicherung in mehrdimensionalen Würfelstrukturen erlauben, haben bisher nur bis 10 GB eine gute Leistungsfähigkeit und erreichen bei über 100 GB ihre Leistungsgrenzen.

Durch die hohen Leistungsanforderungen des DWH erlangt zusätzlich die Architektur des Rechnersystems der DWH-Datenbank eine sehr große Bedeutung. Aufgrund der Leistungsfähigkeit der Hardware werden meist Symetric Multiprocessing (SMP), Cluster und Massively Parallel Processing (MPP) eingesetzt. Wie erkennbar ist, handelt es sich dabei um Mehrprozessor-Architekturen, auf die in dieser Arbeit leider nicht näher eingegangen werden kann.[123] Eine Entscheidungsregel wird in Tabelle 5 gezeigt.

Zur Realisierung von DWH werden bisher vorwiegende MPP-Systeme mit relationalen Datenbanken verwendet.

Technik		DB-Umfang
MPP	Massively Parallel Processing	> 500 GByte
SMP	Symetric Multiprocessing	< 100 GByte

Tabelle 5: Architektur des Rechnersystems der DWH-Datenbank (Quelle: Eigene Darstellung, Daten aus: Grimm, C., DWH on MPP, 1996, S. 102)

Die schon beschriebene sehr hohe Leistungsfähigkeit der Datenhaltung kann nur durch eine sehr konsequente Datenmodellierung gewährleistet werden. Dabei wird, um eine höchstmögliche Zugriffsperformance erreichen zu können, auf eine konsequente Normalisierung verzichtet. Deshalb werden denormalisierte Datenmodelle geschaffen, die auch als Star-Schema bezeichnet werden. Diese bestehen aus Fakten- und Dimensionstabellen.[124] Dabei sind die in Tabelle 6 dargestellten Aspekte zu beachten.

DWH-Datenmodelle: Anforderungen	Gestaltungsaspekte
• Orientierung an den unternehmensbestimmenden Sachverhalten	• Datenverdichtung und Granularität
• Zeitraumbezug	• Partitionierung
• Struktur- und Formatvereinheitlichung	• Denormalisation
• Nicht-Volatilität	

Tabelle 6: Aspekte des DWH-Datenmodells (Quelle: Eigene Darstellung, Zusammenfassung und Bearbeitung aus: Muksch, H., et al., DWH-Konzept, 1996, S. 427 ff)

---

[121] Vgl. Muksch, H., et al., DWH-Konzept, 1996, S. 424.
[122] Siehe auch Erläuterungen zu OLAP weiter unten.
[123] Siehe weiterführend Rudin, K., New in Data Warehousing, 1996 , u.a.
[124] Siehe weiterführend auch: Gluchowski, P., DWH-Schlagwort, 1997, S. 48 f.

Zusätzlich ist es unerläßlich, ein umfangreiches Metadatenbanksystem zu pflegen, wie es im folgenden Abschnitt skizziert wird.

Das Metadatenbanksystem, daß auch als Warehouse-Repository[125] oder Business Data Dictionary bezeichnet wird, stellt eine wichtige eigenständige Komponente zur Gewährleistung der Transparenz in allen Bereichen des DWH dar, wie aus der Abbildung 5 ersichtlich wurde.

In diesem System werden Informationen über die DWH-Daten gespeichert und zur Nutzung bereitgestellt. Dies betrifft sowohl Informationen über die Daten (Herkunft, Beschreibung, Transformation, Änderungen, etc.) aber auch Informationen über oder für den Benutzer (Benutzerprofile, Bedeutung für den Benutzer, Nutzungsart). Dadurch wird es ermöglicht, daß der Nutzer mit seinen gewohnten Begriffen und Schlagworten im DWH operieren kann.[126]

Im Rahmen der Administrierung sind noch vielfältige weitere Aufgaben zu lösen, wie z.B. die Archivierung, die in der Fachliteratur ausführlich beschrieben sind.[127]

3.6.5 Verteilung

Die Verteilung und Nutzung der Datenbestände erlangt im skizzierten Umfeld der verschiedenen Plattformen, Betriebssysteme und Kommunikationssoftware eine besondere Bedeutung. Bisher wurden vielfältige Schnittstellen zwischen den einzelnen Systemen programmiert, um diese überhaupt kommunikationsfähig zu gestalten. Eine neue Entwicklung stellt die Idee einer Middleware als plattformübergreifende Schicht dar. Diese ermöglicht eine systemübergreifende Kommunikation[128] und damit die Verfügbarkeit sowohl der Daten für das DWH als auch der DWH-Informationen für den Nutzer. Dieser Middleware-Gedanke wird durch die Nutzung von Client/Server-Architekturen (C/S-Architekturen) ermöglicht. Eine nähere Beschreibungen erfolgen in den Folgekapiteln.[129]

3.6.6 Zugang und Benutzung

Wie schon angedeutet, resultiert die Popularität des DWH-Konzeptes in seinen vielfachen Nutzungsmöglichkeiten. Dabei bauen die MSS-Front-End-Tools auf die gebildete DWH-

---

[125] Vgl. Schreier, U., Verarbeitsungprinzipien in DWH, 1996, S. 83 ff.

[126] Vgl. Darling, C.B., Intergration of the DWH, 1996, S. 41 ff und Muksch, H., et al., DWH-Konzept, 1996, S. 426 ff.

[127] Siehe weiterführend Muksch, H., et al., DWH-Konzept, 1996, S. 426 ff.

[128] Vgl. Heimann, H.-W., Gobalität durch DWH, 1996, S. 45.

[129] Vgl. Muksch, H., et al., DWH-Konzept, S. 431.

Datenbank auf. Mit diesen wird die Erzeugung von im Unternehmen verwertbaren Informationen aus den Datenbeständen ermöglicht.

Wie bei der Begriffsbestimmung zum DWH-Konzept gezeigt wurde, sind diese Tools zur Managementunterstützung in das DWH-Konzept und damit auch in die DWH-Architektur einzubeziehen.

Die Nutzungsmöglichkeiten sind:

> ⇒ Ad-hoc-Abfragen
>
> ⇒ Reporting, Berichte
>
> ⇒ Managed-Query
>
> ⇒ OLAP-Datenanlyse-Tools
>
> ⇒ Data Mining-Tools
>
> ⇒ Daten-Visualisierung

Die Klassen der Ad-hoc-Abfragen, Reporting- und Berichtstools bieten nur einen sehr einfachen Zugang zu den DWH-Daten. Diese Werkzeuge haben aber den Vorteil, daß sie für den allgemeinen und breiten Einsatz im Unternehmen auch heute schon geeignet sind und damit eine Basis für die Nutzung des DWH bilden. Die Tools basieren meist auf SQL-Abfragen und bieten dem Nutzer nur geringe semantische Unterstützung im Umgang mit den DWH.

Dieser Nachteil wird durch die Tools der Klasse der Managed-Queries behoben. Der Nutzer wird durch semantische Unterstützung zu erheblich komplexeren Analysen befähigt. Um dies zu ermöglichen, setzt diese Klasse der Front-End-Tools auf einer Datenabstraktionsschicht auf.[130] Diese kann durch das schon beschriebene Metadatenbanksystem gebildet werden. Dadurch wird ein einfach zu benutzender Informations-Katalog, ähnlich eines Karteikastens, ermöglicht. „Der Benutzer markiert und klickt, um ein Dokument, eine Definition, Abfrage und so weiter zu sehen, die im Informations-Katalog gespeichert sind."[131]

Eine wesentlich fortschrittlichere Art der Benutzung und Analyse des DWH stellen OLAP-Datenanlyse-Tools dar. Diese Tools, deren Grundlagen schon im Rahmen der Erläuterung des Zusammenhanges von DWH und OLAP beschrieben wurden, dienen der Unterstützung komplexer Analyse mehrdimensionaler Daten. OLAP-Tools sind nicht zwangsläufig an DWH gebunden. Die DWH-Datenbank bietet aber eine sehr gute Ausgangsbasis für

---

[130] Vgl. Martin, W., DSS-Werkzeuge, 1996, S. 10 ff.

[131] Übersetzung von: „The user points and cklick to see the documents, definitions, queries, and so on that are stored in the information catalog.", aus: Darling, C.B., Intergration of the DWH, 1996, S. 47.

OLAP-Analyse. OLAP-Tools ermöglichen es den Nutzern, DWH-Daten aus jeder möglichen Perspektive (z.B. Soll-/Ist-Umsatz nach Quartalen verschiedener Produkte, Regionen und Vertriebswege) zu betrachten. Dadurch können Informationen über das „Was und Wie", d. h. Antworten auf Fragen, gewonnen werden.[132]

Demgegenüber beschreiben die Data Mining-Anwendungen einen vollkommen neuen Weg. Bisher waren OLAP-Fragen von Hypothesen oder Abfragen[133] und damit von den Fähigkeiten des Menschen abhängig. Demgegenüber stellt Data Mining eine Form der Nutzung künstlicher Intelligenz (KI oder Artifical Intelligence (AI)) dar. Ziel ist es, aktiv nach unbekannten Mustern und damit versteckten Informationen zu suchen und neue, interessante Zusammenhänge aufzudecken. Es geht somit nicht vordergründig um die Beantwortung konkreter Fragen, sondern um die Modellierung vergangener Fakten zu neuen Zukunftsaussagen. Ein mögliches Ergebnis können neue und bisher unbekannte Informationen sein. Deshalb ist die Benutzung des Data Minings auch als Aufdeckung von Zusammenhängen und als Bildung von Modellen, z.B. über das Kaufverhalten, zu verstehen. Grundlegende Lösungswege besteht beim Data Mining in der:

- vorhersagenden Modellierung,
- Datanbank-Segmentation durch automatische Clusterbildung,
- Verbindungsanalyse von Daten und in der
- Abweichungsanalyse mit statistischen Methoden.[134]

Wie beim OLAP ist auch für das DM die DWH-Datenbank eine mögliche Quelle und Aktionsplattfom.

Alle Ergebnisse der Analyse- oder Abfragetools müssen dem Nutzer in einer ihm entsprechenden Form präsentiert werden. Besonders vorteilhaft ist die Daten-Visualisierung in Form von Grafiken.

[132] Vgl. Martin, W., DSS-Werkzeuge, 1996, S. 10 ff.
[133] Vgl. Gerber, C., Data Mining, 1996, S. 40 ff.
[134] Vgl. Gerber, C., Data Mining, 1996, S. 40 ff.

4   Intranet

4.1   Motivation der Betrachtung

In den vorangegangenen Erläuterungen wurde eine der „Schlüsseltechnologien" der IV im Unternehmen beschrieben, das DWH. Mit diesem wird es möglich, Informationen bereitzustellen und umfangreich zu nutzen. Da aber, wie im 2. Abschnitt gezeigt wurde, eine direkte Verbindung zwischen Information und Kommunikation besteht, soll nun verstärkt auf den letzteren Aspekt, die Kommunikation, eingegangen werden. Nur durch deren Beachtung können die skizzierten Anforderungen der MSS in der Informationsgesellschaft erfüllt werden. Deshalb erfolgt in den folgenden Abschnitten die Beschreibung der Intranet-Technologie.

4.2   Vom Internet zum Intranet

Die Grundlage der Kommunikation in computergestützten Informations- und Kommunikationssystemen bilden die physischen Verbindungen der einzelnen Rechnersysteme über Netzwerke. Diese Netzwerke haben sich in einem Evolutionsprozeß im Laufe der Entwicklung und des Einsatzes der Informationsverarbeitung verändert und weiterentwickelt. Dies ist anhand ihrer zunehmenden Bedeutung im Unternehmen, wie in Abbildung 7 dargestellt, nachzuvollziehen.

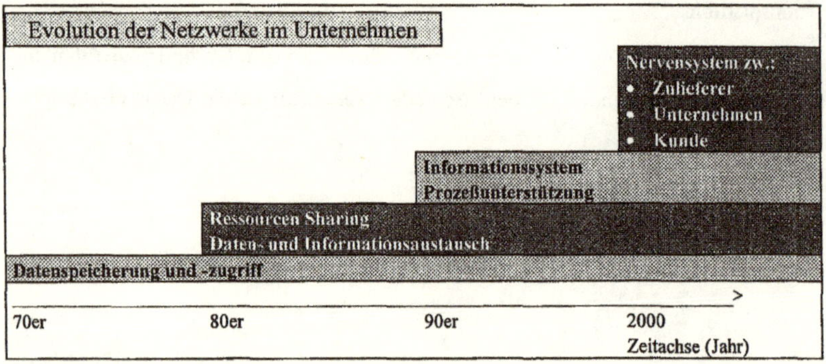

Abbildung 7: Bedeutung der Unternehmensnetzwerke
(Quelle: In Anlehnung an: o.A., Vernetzte Unternehmen, 1996, S. 38)

Stand am Anfang der einfache Datenzugriff im Vordergrund, bildet das Netzwerk nun das Nervenzentrum fast jedes Unternehmens.[135]

Dabei spielt die schon beschriebene Notwendigkeit einer „... Integration im Sinne eines nahtlosen Zusammenschlusses von Informations- und Kommunikationsströmen zwischen heterogenen Partner ...“[136] eine zentrale Rolle. Deshalb erlangen Konzepte wie das Internet und Intranet, die diese Anforderungen erfüllen, eine sehr starke Beachtung in den Unternehmen.

Das Intranet kann entwicklungsgeschichtlich als eine Spezialform des Internet betrachtet werden. Aus diesem Grund soll das Internet einleitend beschrieben werden.

Das Internet, das heute den größten weltumspannenden Netzwerkverbund darstellt, hat seinen Ursprung 1969 im Arpanet des amerikanischen Verteidigungsministeriums. Dieses verband 4 Computer und hatte die Aufgabe, ein nahezu unzerstörbares Netzwerk zu bilden.[137] Diese Grundidee, daß Kommunikation zwischen einzelnen Netzwerkelementen auch bei teilweiser Funktionsuntüchtigkeit des Netzwerkes noch möglich sein soll, hat bis heute seine Gültigkeit. Deshalb entstand eine Architektur, die vollkommen dezentralisiert ist. Dies bedeutet, daß sich das Internet selbst steuert und dabei ohne zentrale Steuerung funktioniert. Grundlage dafür ist die Vergabe von eindeutigen Adressen für alle Netzwerkelemente. Um diese Aufgabe zu vereinfachen, wird eine hierarchische Adressenbildung verwendet. Diese IP-Adressen (Internet Protokoll) bestehen aus 4, jeweils dreistelligen und durch Punkt voneinander getrennten Zifferngruppen. Jede dieser Zifferngruppen wird von einem Byte repräsentiert. Dadurch ergibt sich ein Aufbau einer IP-Adresse von z.B. 139.18.1.50. Die Zifferngruppen repräsentieren die einzelnen Hierarchiestufen von Links nach Rechts (Bezeichnung des Netzwerkes bis zum konkreten Rechnersystem). Da diese Adressen eineindeutig vergeben werden müssen, erfolgt die Adressenzuteilung für die höchste Hierarchiestufe (Top-Level-Domain) als einzige Aufgabe im Internet zentral durch bestimmte Organisationen. In Deutschland ist dies das DE-NIC (Deutsches Network Information Center der Universität Karlsruhe)[138].

Als Vereinfachung der Benutzung und Wartung wurde zusätzlich ein Service eingerichtet, der die Benutzung von Namen für die Netzwerkelemente anstatt der IP-Adressen aus Ziffern ermöglicht (für die oben beschrieben IP-Adresse: www.uni-leipzig.de). Dieser, als

---

[135] Vgl. o. A., Vernetzte Unternehmen, 1996, S. 37 ff.
[136] o. A., Vernetzte Unternehmen, 1996, S. 38.
[137] Vgl. Nolden, M., Franke, T., Internet-Beschreibung, 1995, S. 84.
[138] Vgl. Mocker, H., Mocker, U., Intranet-Einsatz, 1997, S. 36 ff.

Domain Name bezeichnete Namen, stellen eine Aliasbezeichnung dar. Diese wird von speziell ausgelegten Domain-Name-Servern in die zugehörigen IP-Adressen übersetzt.

Unter Nutzung dieser IP-Adressen ist durch die TCP/IP-Protokoll-Familie - die, wie Abbildung 8 zeigt, die Grundlage der Internet-Kommunikation darstellt - ein direkter Informationsaustausch der Netzwerkelemente möglich.

OSI-Schicht	Internet-Protokolle					
Anwendung	FTP, WWW	EMail, Gopher	Terminal E WAIS	Usenet News, Whois	DNS, NFS	Triv. FTP, Finger
Darstellung	FTP-P, HTTP	SMTP,Pop3 Int.Gopher	Term.Em.P. Z39.50-P	Usenet N.-P Nieneme-Wh	DNS, RPC XDR	Triv.FTP, Finger
Sitzung						
Transport	Transmission-Control-Protokoll				User-Datagramm-P.	
Netzwerk	Adress-Resolution-P.	Internet-Protokoll			Internet-Datagramm-P	
Sicherung	Ethernet, FDDI, Token-Ring, DQDB					
Physikalisch	Medium: Kupferkabel(Koaxial, Twisted-Pair,..),Lichtwellenleiter, Infrarot					

Abbildung 8: TCP/IP-Protokoll-Familie - die Grundlage der Internet-Kommunikation
(Quelle: In Anlehnung an: Stein, G., Intrante-Herausforderung, 1996, S. 30)

Dabei ist das IP (Internet-Protokoll) auf der OSI-Netzwerkschicht für die verbindungslose Verteilung der Datenpakete zuständig. Dies bedeutet, daß jede Übertragung aus einer Menge von unabhängigen Datenpaketen, die sowohl die Quell- und Ziel-Adresse enthalten, besteht. Diese Datenpakete werden voneinander vollständig unabhängig im Netzwerk transportiert. Dadurch kann aber z.B. die Reihenfolge beim Empfänger nicht garantiert werden.

Deshalb wird auf der OSI-Transportschicht das TCP (Transmission Control Protocol) über das IP geschaltet, das eine zuverlässige, sichere und korrekte Übertragung gewährleistet.[139]

Auf dieser Grundlage wurden ab 1982 vor allem im wissenschaftlichen Bereich verschiedene Teilnetze implementiert. Durch den Zusammenschluß solcher Teilnetze wird das Gesamtnetzwerk Internet gebildet. Dabei erfolgt die Kopplung über Gateways (oder Router), die über Routing-Tabellen die Datenpakete und ihre Ziel-IP-Adressen analysieren und diese Pakete bis zum konkreten Endziel weiterleiten.[140]

---

[139] Vgl. Mocker, H., Mocker, U., Intranet-Einsatz, 1997, S. 43 ff.
[140] Vgl. Mocker, H., Mocker, U., Intranet-Einsatz, 1997, S. 45 ff.

Mit Hilfe dieser Architektur konnte das Internet eine solch hohe Eigendynamik erlangen, daß in den letzten Jahren weit über 30 Millionen Personen weltweit das Internet nutzen.[141] Dabei werden viele verschiedene Dienste angeboten, die hier nur kurz in Tabelle 7 dargestellt werden können.

Dienst	Kurzbeschreibung
E-Mail	elektronische Post, weltweit verfügbar
Talk	direkte Kommunikation
FTP (File Transfer Protocol)	File-Transfer, Dateiübertragung
Archie	Suchdienst in FTP-Sites
Telnet	Arbeit auf Fremdrechner
NetNews	Informations- und Diskussionsforen
Gopher	menügesteuertes Informationssystem
Veronica	Suchdienst in Gopher-Sites
WWW (World Wide Web)	multimediales Informationssystem

Tabelle 7: Internet-Dienste
(Quelle: Eigene Darstellung)

Diese Dienste basieren auf dem beschriebenen TCP/IP-Protokollen und stehen im Internet jedem Nutzer offen, da es sich um eine öffentliches und damit frei zugängliches System handelt. Demgegenüber ist das Intranet, wie sein Name schon beschreibt, ein nicht öffentliches Netzwerk, das im Folgenden näher beschrieben werden soll.

4.3 Diskussion der Begriffsbildung

Auch hier ist eine Definition des Begriffes nicht einfach, da es sich, wie schon das DWH, um ein sehr junges und oft strapaziertes Schlagwort handelt.[142]

Erst Ende 1995 wurde der Begriff Intranet geprägt. Schon bald stand er für das ultimative Tool zum Freisetzen von zusätzlichen Kräften im Unternehmen. Dabei wird besonders der Zusammenhang zwischen dem Internet - das den Weg zum Kunden - und dem Intranet -das die Kommunikation im eigenen Unternehmen revolutioniert - hervorgehoben.[143]

Deshalb läßt sich das Intranet beschreiben als: unternehmensinternes Internet-artiges System[144] oder als „... interne Netzwerke, die TCP/IP und andere Internet-Technologien benutzen."[145] Ebenso stellt auch die Beschreibung als „... firmeninterne Netze, die Internet-Technik verwenden ..."[146] eine Betrachtung auf der Basis der zugrundeliegenden Internet-Plattform dar.

---

[141] Eine genauere Zahlenangabe kann hier nicht erfolgen, da verschiedenste, unterschiedliche Angaben in der Literatur vorhanden sind.
[142] Vgl. Kossel, A., Intranet-Technik, 1996, S. 298.
[143] Vgl. Hasek, G., Intranets revolutionizing communikation, 1996, S. 65 ff.
[144] Übersetzung von intracompany Internet-Type system aus: Lawton, G., DWH-Applications, 1996, S. 18ff.
[145] Übersetzung von: „... internal networks using TCP/IP and other Internet technology." Aus: Grochow, J. M., Intranet-Use, 1996, S. E8.
[146] Kossel, A., Intranet-Technik, 1996, S. 298.

Viel interessanter ist es, das Intranet aus der Sicht der Nutzung im Unternehmen zu betrachten. Damit können die Inhalte und Möglichkeiten dieser Technologie für die Unternehmen hervorgehoben werden. Auf Grundlage dieser Sichtweise kann das Intranet als „...

ein neues Netzwerk-Modell, welches auf der neuen Idee beruht, Informationen in internen

Netzwerken genauso erreichbar zu machen wie im öffentlichen Internet ...“[147] bezeichnet

werden. Weiterführen kann zusätzlich eine stärkere Betrachtung der Informationsverfüg-
barkeit durch das Intranet erfolgen. Diese Ausrichtung wird in der Definition wiedergegeben: Das Intranet benutzt Transportmechanismen und Darstellungsformen des Internets als

universelle Plattform für die Gesamtheit der unternehmensinternen Datenkommunikation

im LAN und WAN-Bereich.[148]

Aus den dargestellten Beschreibungsmöglichkeiten des Intranets lassen sich folgende Cha-
rakteristika des Intranets ableiten:

- firmeninterne Verwendung,
- Benutzung von Internet-Technologien,
- universelle Plattform,
- Verfügbarkeit von Informationen,
- LAN und WAN-Einsatz.

Es ist aber im Kontext dieser Arbeit sinnvoll, zusätzlich explizit die konkreten Anwendungen, die Informationsaufbereitung, -darstellung und die Sicherheit zu betrachten.

Deshalb wird der Begriff Intranet definiert als:

**„Dies sind interne Firmennetzwerke, die die gleichen offenen Protokolle wie das In-
ternet verwenden -- die plattformunabhängige Architektur des TCP/IP ... -- und In-
ternet-ähnliche Software-Anwendungen benutzen, gewöhnlich gesichert innerhalb
eines Unternehmen-Firewalls."[149]**

Diese Intranets sind demnach nicht zwangsläufig Bestandteile des Internet. Praktisch werden diese Intranets meist sogar physisch getrennt vom Internet realisiert und stellen damit
selbständige Netzwerke dar. Damit entsteht aber das Problem, daß die enormen Entwick-
lungspotentiale, die im Internet gesehen werden, dem Unternehmen durch diese strikte
Trennung nur begrenzt zur Verfügung stehen. Deshalb ist abzusehen: „Interne unterneh-

---

[147] Übersetz von: „... a new network model, based on the novel idea of making information as accessible on
internal networks as it is on the public Internet." Aus: Lewis, J., Redefinition of networks, 1996, S. 36
[148] Vgl. Kyas, O., Schlüsselapplikationen für Intranet, 1997, S. 56.
[149] Übersetzung: „These are internal corporate networks using the same open protocols found throughout the
Internet--the platform-independent architecture of TCP/IP (transmission control protocol/Internet protocol)--and Internet-like software applications, usually secured inside a corporate firewall." Aus: Taninecz,
G., Internet and Intranet, 1996, S. 45.

menseigene Webs werden sich nach außen ausdehnen, die formalen Grenzen mit dem World Wide Web vermischen, so daß Unternehmen und Kunden beginnen, das Internet als gemeinsames Netzwerk zu teilen."[150] Die dabei entstehenden Architekturen werden als Extranet bezeichnet. Dieses Extranet, „... kann definiert werden als Benutzung des Internets als sicherer Zugang zum Intranet."[151] Damit ist eine weitere Entwicklung der Intranets zu Extranets abzusehen.

Die Grundlage dieser Entwicklungen wird aber durch das Intranet gebildet. Deshalb ist es wichtig, dessen Aufbau und Funktionsweise zu beschreiben. Dies geschieht im folgenden Abschnitt.

4.4 Funktionsweise, Aufbau und Bestandteile

Eine Beschreibung des Intranets kann am effektivsten am Beispiels des speziellen Dienstes World Wide Web (WWW, W3, o.a.) dargestellt werden. Da, wie schon beschrieben, Internet-Technologien die Basis für das Intranet bilden, ist dieser Dienst auch in beiden verfügbar.

Das WWW als modernes Informationssystem bietet im Vergleich zu herkömmlichen Systemen mehrere entscheidende Weiterentwicklungen. Erstens ermöglicht es die multimediale Darstellung von Informationen. Dies bedeutet, daß durch das WWW multimediale Informationen wie Text-, Bilder-, Audio- und Videoinformationen auf sehr einfache Art darstellbar und austauschbar sind.

Eine weitere Besonderheit stellt die Hypertextfähigkeit dar. Diese ermöglicht es, daß die im WWW übertragenen Hypertextdokumente wiederum Verweise auf andere Dokumente enthalten können. Dadurch wird eine einfache, aber sehr effektive Struktur von Verweisen und Beziehungen zwischen den Dokumenten geschaffen.

Die Grundlage für diese Eigenschaften bildet das Hypertext Transfer Protocol (HTTP), das die Übertragung der WWW-Dokumente realisiert und die einfache Seitenbeschreibungssprache Hypertext Markup Language (HTML).[152] Mit Hilfe dieser Sprache werden die HTML-Dokumente aufgebaut, die selbst nur aus reinem ASCII-Text bestehen und deshalb vollkommen plattformunabhängig sind. Die notwendigen Abstimmungen und die Zusam-

---

[150] Übersetzung von: „Internal corporate Webs will grow outward, blurring formal boundaries with the World Wide Web, as businesses and customers begin sharing the Internet as the common network." Aus: Moeller, M. et al., Growing of Intranet, 1996, S. 33.

[151] Übersetng von: „... which can be defined as using the Internet to gain secure access to the intranet.", aus: Grochow, J. M., Intranet-Use, 1996, S. E8.

[152] Vgl. Kossel, A., Intranet-Technik, 1996, S. 300.

menarbeit mit dem jeweiligen Rechnersystem wird der wohl wichtigsten Komponente im WWW und auch im Intranet übertragen, dem Browser. Dieser ist plattformabhängig ausgelegt und realisiert die Präsentation und Navigation im WWW. Damit sind diese Browser „... sehr schlanke und robustes Frontends.“[153]

Ein HTML-Dokument setzt sich aus Text und darüber hinaus aus Befehlen zur Darstellung an den Browser zusammen. Diese Befehle (TAGs), die in „< >“ eingeschlossen sind, können Formatinformationen, Strukturinformationen und Metainformationen enthalten. Dadurch wird es beispielsweise möglich, Grafiken aus dem gesamten Netzwerk durch einen einfachen Befehl, unter Bezugnahme auf die Uniform Ressource Location (URL) der Grafik, einzubinden. Diese URL enthält die Zugriffsmethode und die Herkunftsadresse des entsprechenden Elementes.[154]

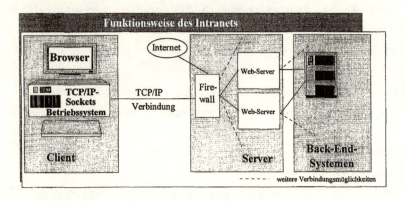

Abbildung 9: Funktionsweise des Intranets
(Quelle: Eigenen Darstellung)

Mit dieser Beschreibung wurde schon das Grundprinzip der Intranet-Architektur verdeutlicht. Dieser Architektur ist in Abbildung 9 zusammenfassend dargestellt.

Auf der Nutzerseite befindet sich der Browser, der die Zugriffsoberfläche für die Intranet-Nutzung darstellt. Dieser ist auf die jeweilige Rechnerplattform abgestimmt. Auf der anderen Seite stehen verschiedene Server und Back-End-Systeme, die Informationen anbieten.[155] Die Server sind dabei als Dienstleister zu verstehen, die bestimmte Aufgaben zu realisieren haben. Dadurch wird deutlich, daß ein Rechner - in diesem Zusammenhang als

---

[153] Mocker, H., Mocker, U., Intranet-Einsatz, 1997, S. 65.
[154] Vgl. Mocker, H., Mocker, U., Intranet-Einsatz, 1997, S. 55 ff.
[155] Vgl. Hasek, G., Intranets revolutionizing communikation, 1996, S. 65 ff.

Host bezeichnet - mehrere Server unterstützen kann und nicht jeder Server-Dienst ein eigenes Rechnersystem benötigt. So realisiert auch der Web-Server verschiedene Dienstleistungen. Er dient dem Empfang, der Verarbeitung und der Beantwortung von Nutzeranfragen. Dazu wird das HTML-Format benutzt.

Die Back-End-System, die beispielsweise durch Datenbanken, Data-Warehouse-Systeme und auch durch andere Applikationen im Unternehmen gebildet werden können, dienen der eigentlichen Speicherung und Bereitstellung der Informationen. Auf diese Systeme greifen die Web-Server über Schnittstellen zu und ermöglichen damit deren Nutzung innerhalb des Intranets. Die konkrete Funktionsweise wird weiter unten dargestellt.

Um eine größtmögliche Sicherheit zu erreichen, erfolgt der Zugang zum Intranet nur über einen Spezialserver, das Firewall (Feuerschutzwall/-tür), der speziell auf die Einhaltung von Sicherheitskriterien ausgelegt ist. Dieser soll die einzige physische Zugriffsmöglichkeit des Intranet darstellen und damit eine Sicherung des Netzwerkes erlauben.

4.5 Einsatz von Intranets

Bei den beschriebenen Funktionsweise und den damit verbundenen Eigenschaften herrscht in der Fachwelt vorwiegende Einigkeit. Schwieriger ist es, konkrete Entwicklungs- und Anwendungsaspekte des Intranets zu problematisieren. Als besonders geeignete Anwendungsgebiete können

- die Speicherung und Organisation von Dokumenten zur einfachen Benutzung,
- das Angebot von zielgruppenspezifischen Informationen durch die Benutzung von Datenbanken,
- die Aktualisierung sich häufig ändernder Informationen,
- der Zugriff auf Informationen bei Bedarf und
- die Befähigung der Mitarbeiter zur Suche nach Hindergrundinformationen
- angesehen werden.[156]

Um diese Anwendungsgebiete abdecken zu können, sind bisher drei Typen von Intranet-Anwendungen zu identifizieren:

- intranet-enabled client/server: Intranet als einfache, zusätzlich Erweiterungen zu existieren Client-Server-Applikationen (wie bei der Auftragsannahme, Kunden-Tracking-Systeme)

---

[156] Vgl. Rupp, D., Evaluation of Intranet, 1996, S. 16 f.

- intranet-delivered publishing: Intranet als Darstellungsplattform, dazu sind Interaktivität, Sicherheit und neue, speziell für Intranet gestaltete Anwendungen erforderlich (z.B. Online Commerce, Informationskioske)

- data-driven, intranet-based publishing: Zugriff auf Datenbanken[157]

Diese Angaben zeigen, welche Entwicklungen in Zukunft bei Intranet-Applikationen zu erwarten sind. Die damit steigenden Möglichkeiten der Intranet-Nutzung werden durch die folgenden Entwicklungsetappen beschrieben:

1. Intranet als einfacher Weg des Verteilens von Informationen (Text und Grafik)
2. Verstärkte Interaktivität durch Technologien wie CGI, Java und Active X[158]
3. Der gleiche Grad der Interaktivität wie bei herkömmlichen C/S-Anwendungen wird mit Standard-Browser erreicht
4. Es werden (ausschließlich) Intranet-Applikationen auch über Unternehmensgrenzen hinweg werden benutzt[159]

Die damit skizzierte Entwicklung ist derzeit absehbar. In der Praxis ist diese aber meist erst in der 1. und 2. Phase in Pilotinstallationen anzutreffen.

So sind auch die Einschätzungen der Vor- und Nachteile von Intranets bisher noch sehr unterschiedlich und teilweise kontrovers. Deshalb werden, um einen Einblick in die Veränderungen zu geben, die mit dem Intranet ermöglicht werden, in den nächsten Abschnitten einige grundsätzliche Aspekte dargestellt, die bei den Beschreibungen in Kapitel 5 weiter vertieft werden.

Das Hauptargument für Intranets (siehe Abbildung 10) ist deren Offenheit - als Möglichkeit der Kommunikation von Hard- und Softwaresystemen unterschiedlicher Hersteller und Architekturen.[160] Diese basiert auf der Verwendung bewährter Technologien, die auf offenen Standards (TCP/IP, HTML,

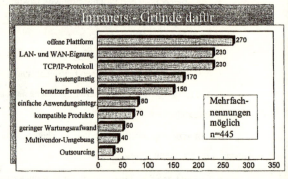

Abbildung 10: Gründe für das Intranet in der Praxis
(Quelle: In Anlehnung an: Gruber, P., Hill, J., Intranet-Praxisumfrage, 1996, S. 9)

---

[157] Vgl. Comaford, C., Intranet-Construction, 1996, S. 50.
[158] Eine Beschreibung erfolgt in einem folgenden Abschnitt.
[159] Vgl. Linthicum, D. S., Intranet-Applications, 1996, S. 113 ff.
[160] Vgl. Stahlknecht, P., Wirtschaftsinformatik, 1995, S. 146 ff.

Java) aufsetzen. Damit wird es möglich, bisher durch Kompatibilitätsprobleme bestehende Kommunikationsbarrieren abzubauen. Das Intranet definiert und bildet damit eine offene Plattform, die es durch die Standardisierung der Informationsformate und Transportprotokolle ermöglicht, heterogene Teilsystem zu einer integrierten IV-Landschaft zu verbinden.[161] Damit ist eine Plattformunabhängigkeit in Bezug auf Daten und Anwendungsprogramme erreichbar, die die Hersteller-, Produkt- und Kompatibilitätsabhängigkeiten innerhalb bestehender IKS aufhebt. Diese „... heterogene Funktionalität ist eine Hauptgrund ...“[162] für 45% von 400 Unternehmen der Fortune 1000 für den Einsatz des Intranets, wie eine Studie zeigt.[163] Damit ist eines der wesentlichen Ziele im Unternehmen, die horizontale Integration, erreichbar.[164] Besonders wichtig ist, daß diese Offenheit nicht durch den Zusammenschluß einiger weniger Hard- und Softwareanbieter begründet ist, was in der Vergangenheit meist nicht zu einer umfassender Umsetzung führte. Ursache für diese Offenheit sind die Druckkräfte, die vom Markt ausgehen (auch als Marktmoment oder Marktsog bezeichnet). Diese zwingen alle Anbieter, Schnittstellen und Umsetzungen der Intranet-Technologien zu implementieren und damit diese Offenheit zu garantieren.[165] Dadurch kann das Intranet eine homogene Netzwerkinfrastruktur aus heterogenen Teilsystemen[166] bilden, die beispielsweise folgende Eigenschaften bietet:

- Komponenten der Struktur sind auszutauschbar, ohne aufwendige Änderungen am Gesamtsystem vornehmen zu müssen.

- Nutzung bestehender Netzwerkinfrastrukturen

- Verringerung der Investitionen zur Verbindung von Systemen[167]

- Nutzung und Kooperation existierender Systeme

- Wiederverwendung alter Programme

- inkrementelle Entwicklung und Weiterentwicklung der SW/HW

- anwachsende Schlagkraft des Intranets durch Verbesserung der Computer-Power und Netzwerk-Technologie[168]

---

[161] Vgl. Kyas, O., Schlüsselapplikationen für Intranet, 1997, S. 56 ff.

[162] Übersetzung von: „... heterogenous funktionality is a major reason ...“, aus: James, G., Intranets Rescue Reengineering, 1996, S. 44.

[163] Vgl. James, G., Intranets Rescue Reengineering, 1996, S. 44. Fortune 1000 ist ein häufig genutztes Unternehmensranking; Nähere Erläuterungen und das gesamte Ranking siehe: http://www.pathfinder.com/@@BT928wYAg@9zr9HW/fortune/fortune500 (29.07.1997).

[164] Vgl. Kyas, O., Unternehmensstrategie Intranet, 1997, S. 23ff

[165] Vgl. Kyas, O., Schlüsselapplikationen für Intranet, 1997, S. 56 ff.

[166] Vgl. Kyas, O., Unternehmensstrategie Intranet, 1997, S. 24 ff

[167] Nach Aussagen der Firma JAGUAR in Großbritannien, Vgl. Bird, J., Switching on to intranets, 1996, S. 78 ff.

[168] Vgl. Bird, J., Switching on to intranets, 1996, S. 78 ff.

Darüber hinaus ist aber auch die Erweiterbarkeit der Intranets ein Hauptvorteil. Das Intranet eröffnet die Chance, lokale Netze relativ schnell und wirtschaftlich zu unternehmensweiten Intranets auszubauen. Außerdem ist auch die Ausdehnung im WAN-Bereich möglich. Damit kann es, basierend auf meist schon bestehenden Infrastrukturen, jedermann zugänglich gemacht werden.[169]

Zusätzlich zu diesen technologischen Aspekten sind auch auf Anwenderseite große Vorteile ersichtlich.[170] „Intranets liberalisieren den Informationsfluß im Unternehmen. Sie können weiterhin Zeit und Geld sparen und darüber hinaus die Mitarbeiter befähigen, über ihre eigene Abteilung hinaus aktiv im Unternehmen mitzuwirken."[171] Die Mitarbeiter werden befähigt, eigene Daten zu kontrollieren, ihren Informationsbedarf selbst zu bestimmen und zu decken.[172] Dadurch reduziert sich der Information-Overload, der im Zuge der Verteilung von Informationen im Unternehmen durch einfaches kopieren und versenden von E-Mails an alle potentielle Interessenten entstanden ist. Dies ist möglich, da nunmehr dazu übergegangen werden kann, Informationen erst bei Bedarf[173] und damit auch aktuell abzufragen.[174]

Neben diesen Aspekten werden besonders die mit dem Intranet verbundenen Kosten diskutiert. Durch die unterschiedlichen Aufgaben und Anwendungsbedingungen sind allgemeine Aussagen meist nicht sehr verläßlich. Grundsätzlich wird davon ausgegangen, daß der Aufbau von Intranets nicht teuer, relativ einfach und leicht zu bewerkstellige ist. Dies trifft besonders zu, wenn auf bestehende Netze aufgebaut werden kann.[175] Nach einer ROI-Studie kann mit einer Amortisation in 6-12 Wochen und einem ROI von möglicherweise bis zu 1000% gerechnet werden.[176] Besondere Effekte waren beispielsweise bei On-Line-Transaktionen in einem Kaufhaus-

Kosten pro:	Telefon (bisher)	Intranet
Anfrage	60 $	0,19 $
Rechnung	100 $	10 $

Tabelle 8: Kosteneinsparungen durch Intranet
(Quelle: In Anlehnung an: James, G., Intranets
Rescue Reengineering, 1996, S. 44)

---

[169] Vgl. Zeitler, A., Intranet.Nutzung, 1996, S 8.

[170] Vgl. Bird, J., Switching on to intranets, 1996, S. 78 ff.

[171] Übersetzt von: „Intranets liberate the flow of information within a company. They also can save time and money, as well as create the means for employees to become active contributors outside their own departments." Aus: Hasek, G., Intranets revolutionizing communikation, 1996, S. 65.

[172] Vgl. Bird, J., Switching on to intranets, 1996, S. 78 ff.

[173] Vgl. Rupp, D., Evaluation of Intranet, 1996, S. 16 f.

[174] Vgl. Bird, J., Switching on to intranets, 1996, S. 78 ff.

[175] Vgl. Hasek, G., Intranets revolutionizing communikation, 1996, S. 65 ff.

[176] ROI steht für return on investment; Studie kann aufgrund ihrer SW-Hersteller-Abhänigkeit nicht als absolut verläßlich betrachtet werden. Studie: Results of a study of Netscape intranets conducted by Framingham, Mass.-based International Data Corp. (IDC), aus: Hasek, G., Intranets revolutionizing communikation, 1996, S. 65 ff.

system, das aus 20 inkompatiblen Systemen besteht, zu erzielen. Dabei konnten durch den Intranet-Einsatz Kostensenkungen, wie in Tabelle 8 gezeigt, durchgesetzt werden.[177]

Trotz dieser sehr gravierenden Vorteile herrschen, besonders in Deutschland, noch viele Vorurteile gegen einen Intranet-Einsatz. Diese sind teilweise gerechtfertigt, stellen aber andererseits oft eine Vorwand zur Verhinderung von Neuerungen dar. Deshalb werden in den folgenden Ausführungen die Nachteile des Intranets diskutiert.

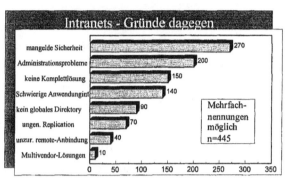

Abbildung 11: Gründe gegen das Intranet in der Praxis
(Quelle: In Anlehnung an: Gruber, P., Hill, J., Intranet-Praxisumfrage, 1996, S. 10

Zusätzlich zu den in Abbildung 11 aus Sicht der IV-Verantwortlichen dargestellten Problemen ist besonders die Unsicherheit über mögliche Entwicklungen, die durch das Intranet ausgelöst werden können, in den Fachabteilungen sehr groß.[178] Begründet ist dies in der schon beschriebenen sehr hohen Eigendynamik des Internets/Intranets, die eine umfassende Beurteilung dieser Technologien maßgeblich erschwert. Das ständige Internet-Wachstum mit einer Wachstumsquote von jährlich 300% führt beispielsweise zu Engpässen der Netzwerkkapazität. Um diese Bandbreitenprobleme zu lösen werden beispielsweise sehr starke Ausbaumaßnahmen im USA-Internet-Backboon unternommen (Leistungssteigerung von derzeit 45-155 Mbit/s zu 622 Mbit/s).[179] Trotz dieser Anstrengungen ist die Übertragungskapazität auch weiterhin ein Problem, das gerade auch im Bereich der Intranets durch Video- oder Bilddaten auftritt.

Daneben kann auch der gewählte Transportmechanismus -TCP/IP- mit seiner verbindungslosen, datei-orientierten Arbeitsweise beim Aufbau von Intranet-Anwendungen ein Problem darstellen. Durch die beschriebe Übertragungsweise von komplexen Dateien durch Zerlegung in Datagramme (siehe oben), die selbständig durch das Intranet navigieren, sind

---

[177] Vgl. James, G., Intranets Rescue Reengineering, 1996, S. 44.
[178] Vgl. Gruber, P., Hill, J., Intranet-Praxisumfrage, 1996, S. 10.
[179] Vgl. o. A., Intranet-Grenzen, 1996, S. 17.

keine festen Routen und Transportzeiten festlegbar. Dadurch ist die Übertragung nicht determiniert und damit die Transport- oder Antwortzeit der Systeme nicht exakt bestimmbar. Weiterhin besteht auch keine direkte Möglichkeit, Ressourcen, wie z.B. die Übertragungsbandbreite, zu reservieren.[180] Aus diesem Grund wird häufig geschlußfolgert, daß es unmöglich ist, geschäftskritische Anwendungen (mission critical) über das Intranet zu betreiben. Dieser Nachteil kann aber durch neueste Entwicklungen behoben werden. Eine Möglichkeit ist die Schaffung virtueller Strecken im Intranet auf ATM oder Frame Relay-Übertragungsbasis. Dabei erfolgt durch Router als Vermittlungseinrichtungen eine Reservierung einer bestimmte Quality of Service (gesicherte Bandbreite) für die jeweilige Verbindung. Eine ähnliche Funktionsweise besitzt der nicht sehr bekannte Reservierungsmechanismus RSVP, der für TCP/IP-Verbindungen einsetzbar ist.[181]

Eine weitere Lösungsmöglichkeit des Bandbreitenproblems stellt die Schaffung alternativer Verbindungen mit höherer, gesicherter Bandbreite und hohem Sicherheitsstandard dar. Diese Verbindungen verlaufen meist parallel zu den bisherigen Internet-Verbindungen.[182]

Eine ähnliche Entwicklung zur Behebung der Probleme, die mit Intranets auftreten, ist die Nutzung spezieller Verschlüsselungstechniken zur Schaffung von gesicherten Internet-Verbindungen. Diese Verbindungen können als „Tunnel" innerhalb des Internes genutzt werden, um die eigenen Kosten des Netzausbaus zu verringern. Dies führt zum Aufbau Virtueller Privater Netzwerke (VPN), da Internet-Verbindungen als private Netzwerkbestandteile verwendet werden.[183]

Auch bei ausreichender Bandbreite können weitere Probleme festgestellt werden. Dies betrifft besonders die Leistungsfähigkeit des Intranets bei hochgradig-transaktionsorientierten Anwendungen. Diese kann beispielsweise bei 200 gleichzeitigen Anfragen an einen Server nicht ausreichend sein. Aber auch für diese Probleme sind Lösungsmöglichkeiten wie Proxy (Zwischenspeicher)- oder Multiprozessor-Web-Server abzusehen.[184]

Ein weiteres Problem bei Intranets wird häufig im Management bei Größenordnungen von mehreren 1000 Nutzer und bei Übertragungsvolumen von mehreren Terabytes gesehen.

---

[180] Nähere Erläuterungen sind zu finden in: Varney, S.E., Data-Webs, 1996, S. 45
[181] Vgl. Varney, S.E., Data-Webs, 1996, S. 45
[182] Vgl. Grochow, J. M., Intranet-Use, 1996, S. E8.
[183] Vgl. Paul, L. G., Virtual Private Networks, 1996, S. E1 f.
[184] Vgl. Linthicum, D. S., Intranet-Applications, 1996, S. 114 ff.

Auch dies ist eine etwas pessimistische Betrachtungsweise, da nach Praxisaussagen auch diese Probleme als lösbar angesehen werden können.[185]

Mit diesen Aussagen wurde gezeigt, daß beim Einsatz des Intranets eine Vielzahl von Problemen zu beachten sind. Die dargestellten Lösungsmöglichkeiten zeigen aber, daß, besonders durch neue Entwicklungen, diese Probleme gelöst werden können. Dabei darf aber nicht vergessen werden, daß in dieser Arbeit nur Teilaspekte betrachtet werden konnten und bei einem konkreten Projekt noch vielfältige, spezifische Kriterien zu beachten sind.

Eines dieser Kriterien bei Netzwerkinstallationen, das bisher noch nicht betrachtet wurde, ist die Sicherheit. Da das Intranet durch die Nutzung öffentlicher Internet-Standards einen unternehmens- und auch weltweiten Zugriff ermöglicht, kommt der Sicherung unternehmensinterner Daten und der Funktionssicherung des Netzwerkes eine große Bedeutung zu.

Dabei wird häufig geschlußfolgert, daß das Intranet aus diesem Grund ein höheres Sicherheitsrisiko darstellt. Dies ist durch die breite, weltweite Verfügbarkeit durchaus begründet. Da dieser Nachteil bekannt ist, werden vielfältige Sicherungsmaßnahmen unternommen. Dies führt zu einer intensiven Berücksichtigung von Sicherheitsfragen im Unternehmen, die bei bisherigen Umsetzungen der IKS meist nur teilweise beachtet wurden. So kann auch erklärt werden, daß bei einer Sicherheitsumfrage mehr als 15% der Unternehmen angaben, daß interne Sicherheitsübertretungen zu finanziellen Verlusten von mehr als 1 Mio. US $ geführt haben (Umfrage von 205 Organisationen 1996).[186] Diese Angaben bestätigen, daß bei der Betrachtung des Intranets nicht nur externe Angriffe beachtet werden müssen, sondern auch interne Sicherheitsmaßnahmen von Bedeutung sind.[187] Dies betrifft aber alle Anwendungen im Unternehmen.

Somit kann festgestellt werden, daß die Sicherheit durch externe Einflüsse (Hacker) ein spezielles Problem des Intranets darstellt. Demgegenüber geschehen aber 80% der Datenmißbräuche innerhalb der Unternehmen und resultieren damit nicht ursächlich aus der Internet/Intranet-Technologie. Deshalb muß eine Beachtung von Sicherheitsfragen umfassend im Unternehmen erfolgen und ist nicht als alleiniges Problem des Intranets zu betrachten.[188]

---

[185] Vgl. Betts, B., Usage of Intranet, 1996, S. 38 f.
[186] Umfrage durch WarRoom Research LLC, aus: Moeller, M., Hackers on the Internet, 1997, S. 16 ff.
[187] Vgl. Moeller, M., Hackers on the Internet, 1997, S. 16 ff.
[188] Vgl. Bird, J., Switching on to intranets, 1996, S. 78 ff.

Eine spezielle Sicherung des Intranets kann durch vielfältige Maßnahmen realisiert werden. Dabei ist aber immer das Verhältnis von erlangter Sicherheit, Mitteleinsatz und Nutzbarkeit der Systeme zu beachten.[189] In dieser Arbeit kann nur kurz auf die Realisierung eingegangen werden, deshalb wird auf die Fachliteratur verwiesen.[190]

Hauptbestandteil eines Intranet-Sicherheitssystems ist der schon erwähnte Firewall-Server. Dieser kann als ein Filter- und Protokoll-System beschrieben werden, das die einzige Verbindungsmöglichkeit zu anderen Netzwerken, speziell zum Internet, darstellt.[191] Damit können diese Firewalls Filterfunktionen, d. h. Auswahl, Ablehnung oder Genehmigung des Zugangs zu einem Netzwerk, realisieren. Darüber hinaus können auch Protokollierungsaufgaben wie die Schaffung von Alarmsystemen, Benutzungsüberwachung u.ä. umgesetzt werden.[192]

Entsprechend der Funktionsweise können verschiedenen Firewall-Typen unterschieden werden. Eine kurze Beschreibung der möglichen Firewall-Typen erfolgt in Tabelle 9. Bisher werden vorwiegende Paketfilter und Application Level Gateways verwendet.

Firewall (Auswahl)	alternative Bezeichnungen	Ebene	Aktionen
Filterrouter	Paketfilter, Packet Filtering, Screen Router	Filterung auf IP-Paketebene	IP-Pakete werden analysiert auf Quell/Ziel-Adresse und Port
Application Level Gateways	Application Gateway, Proxy Firewalls	Anwendungsprotokolle	Proxy-Server spezifisch für jede Anwendung, er fungiert als Stellvertreter, interne Netzstruktur ist vollkommen verborgen
Hypride Firewalls		IP-Pakete und Anwendungsprotokolle	Kombination von Filterrouter und Application Level Gateways
Dual-Homed-Gateway		Hardwarelösung mit 2 getrennten Netzwerkkarten	getrennter Zugriff auf Intranet und Internet, Verbindung beider Netze durch extra Transport der Pakete innerhalb des Firewall-Systems
Bastion Host		besonders gesicherte Rechner	Aufbau eines isolierten Subnetzes zwischen Internet und Intranet

Tabelle 9: Firewalls
(Quelle: Eigene Darstellung, Zusammenfassung und Bearbeitung aus: Mütze, M., Firewalls, 1996, S. 625 ff)

Wie schon diese Darstellung der verschiedenen Gestaltungsformen der Sicherungsmaßnahmen zeigt, muß der gesamte Aufbau des Intranets sorgfältig geplant, kontrolliert und

---

[189] Vgl. Moeller, M., Hackers on the Internet, 1997, S. 16 ff.
[190] Siehe zur Sicherheit vertiefend: McCarthy, V., Bulding Firewalls, 1996, S. 74 ff und McCarthy, V., Web Security, 1996, S. 112 ff und Mütze, M., Firewalls, 1996, S. 625 ff.
[191] Vgl. Mütze, M., Firewalls, 1996, S. 625.
[192] Vgl. Mütze, M., Firewalls, 1996, S. 626 ff.

durchgeführt werden. In der Praxis werden dafür verschiedenen Vorgehensweisen angewandt, die aber bisher noch nicht detailliert veröffentlicht wurden.

Eine Hilfe stellt die Verwendung einer Skalierung dar, die in Abbildung 12 vorgestellt wird. Damit soll die Bedeutungen bestimmter Einflußfaktoren für die Entwicklung von Intranet-Anwendungen schon im Vorfeld bestimmen werden können. Diese Skalierung ist das Ergebnis einer Studie von 10 Intranet-Projekten. Daraus konnte das in Abbildung 12 dargestellte Punkteschema abgeleitet werden.[193] Nach diesem sind Intranet-Projekte schon im Verlauf der Entwicklung beurteilbar.

Intranet Success Scale		Die Auswertung erfolgt nach Zuordnung von Punkten, die das Projekt erfüllt	
Kriterium	Gewichtung zur Berechnung des vorauss. Erfolges	(Ja=1, Nein=0 Punkte)	
User involvement	20	Je höher die Gesamtsumme ist, um so bessere Erfolgsaussichten bestehen für das Projekt:	
Executive support	18		
Clear requirements	15	90 - 100 Punkte	kein Problem
Realistic expectations	12	80 - 90 Punkte	hohe Erfolgsaussichten
Focused/competent staff	12	70 - 80 Punkte	gute Erfolgsaussichten
Proper planning	8	69 oder geringer	Gefährdung des Projektes
Small milestones	6		
Sense of ownership	6		
Clear vision objectives	3		

Abbildung 12: Intranet Success Skala
(Quelle: In Anlehnung an: Comaford, C., Programming Management, 1996, S. 48)

5 Synergiemöglichkeiten beim kombinierten Einsatz von Data-Warehouse und Intranet

5.1 Kombination von DWH und Intranet

5.1.1 Grundlagen der Kombination

Nachdem das DWH-Konzept und die Intranet-Technologie in ihren Grundzügen beschrieben wurden, ist es anhand der einzelnen dargestellten Eigenschaften ersichtlich, daß beide Technologien große Veränderungen (speziell Verbesserungen) in den betrieblichen IKS bewirken können. Davon können insbesondere die im Kapitel 2 beschriebenen MSS profitieren. Deshalb sollen, aufbauend auf den dargestellten Anforderungen an MSS, die Wir-

---

[193] Vgl. Comaford, C., Programming Management, 1996, S. 48.

kungen beider Technologien auf diese MSS im Unternehmen im Betrachtungsmittelpunkt stehen.

Dabei wird in den folgenden Abschnitten besonders eine Analyse der Synergiewirkungen durchgeführt, um sowohl theoretische Erkenntnisse abzuleiten als auch praktische Erfahrungen darzustellen. Damit wird gezeigt, welche Wirkungen und Ergebnisse aus dem kombinierten Einsatz beider Technologien erwachsen können.

Unter dem Begriff der Synergie wird dabei verstanden, daß man „... noch vorhandene, qualitative und quantitative Kapazitäten am besten durch eine systematische Ausnutzung der schon vorhandenen Stärken auslasten kann bzw. bei einem Ausbau der Kapazitäten sich an diesen Stärken orientiert."[194] Dies bedeutet, daß durch eine integrierte Betrachtung beider Technologien deren optimaler Einsatz ermöglicht werden soll und damit bessere Ergebnisse des Gesamtsystems, beispielsweise der MSS, erzielt werden können.

In der Fachliteratur wurde dieser Aspekt einer übergreifenden Betrachtung bisher nur unzureichend gewürdigt. Dies resultiert aus der hohen Entwicklungsgeschwindigkeit der IKS und aus der Tatsache, daß beide Technologien neueste und erst vor wenigen Jahren begonnene Entwicklungen darstellen. Deshalb konnten bisher nur einzelne Ausprägungen und Tendenzen dieser Technologien getrennt voneinander betrachtet werden.[195] Erst jetzt lassen sich Synergien zwischen diesen beschreiben und auch begründen.

Diese Synergie- und Kombinationsbetrachtungen stellen aus den oben beschriebenen Gründen eine sehr neue Betrachtungsweise dar. Deshalb hat sich in der Literatur noch keine allgemein akzeptierte Beurteilung durchgesetzt. Aus diesem Grund sollen die dem Autor wichtigsten Aspekte im Folgenden betrachtet werden.

Bei dieser Betrachtung sind sehr gegensätzliche Meinungen festzustellen. So wird beispielsweise geschlußfolgert, daß eine Synergie eigentlich widersinnig ist, da das Internet (Intranet) eine universellen Zugriff bietet, das DWH demgegenüber aber speziell ausgewählte Leute im Unternehmen befähigen soll, Entscheidungen besser als andere (Konkurrenten) zu treffen.[196]

---

[194] O. A., Synergieplanung Gabler, 1988, S. 1842-1843. Der Begriff Synergie wird im Sinne einer Synergieplanung benutzt.

[195] Vgl. Marshall, M., DWH-Worries, 1996, S. 16 f.

[196] Folgende Meinung wird vertreten: Bisher ist es noch zu früh für die Kombination von DWH und Intranet (1996) aber Entwicklung ist abzusehen, Vgl. Atre, S., Uneasy fit, 1996, S. 106.

Auch die Aussage, daß das DWH am besten zu professionellen und trainierten Analysen von Experten geeignet ist,[197] widerspricht aber einer breiten MSS-Unterstützung, wie sie in den vorangegangenen Kapiteln als unbedingte Notwendigkeit herausgearbeitet wurde. Deshalb darf keine ausschließliche Konzentration auf wenige Personen im Unternehmen erfolgen.

Aus diesem Erfordernis kann die Notwendigkeit der Zusammenarbeiten der Technologien direkt abgeleitet werden.[198] Beide bilden eine schlagkräftige Kombination von Technologien,[199] da in Zukunft nicht das Speichern der Daten im Mittelpunkt der Betrachtung steht, sondern das Analysieren und Auffinden der Informationen.[200] Dazu können beide Technologien einen wesentlichen Betrag leisten:

⇒ **Das DWH als umfassender Lieferant und Generator für Informationen und**

⇒ **das Intranet als Zugriffs- und Verteilungsmittel.**

Daraus erwachsen Synergiemöglichkeiten, die auch in der Praxis bestätigt werden, wie die folgende Aussage belegt: „An der University of Southern California in Los Angeles ist ein neues Intranet ein Element in einem ambitionierten Date Warehouse-Plan, um der Universitätsverwaltung die Freiheit zu geben, eigene Datenanalysen durchzuführen--im Gegensatz zu den bisherigen sehr beschränkten Mainframe-Reports."[201]

Produkt	Vorstellung
MicroStrategy Inc. DSS Web	März 96
Dimensional Insight Inc. DiveNet	April 96
Information Advantage Inc. Web OLAP	Juni 96

Tabelle 10: Produkte
(Quelle: Eigene Darstellung, Daten aus: Phillips, B., OLAP on the Web, 1996, S. 55)

Die Bedeutung einer Kombination wird besonders verdeutlicht durch die Entwicklung bei der IBM. Diese offeriert Outsourcing von DWH, Data Mining und Web-Seiten-Analyse auch über das Internet (Intranet) und realisiert damit die Kombination der Technologien als neues Dienstleistungsangebot.[202] Andere Produkte, die DWH und Intranet-Technologien kombinieren, sind in Tabelle 10 dargestellt. Anhand dieser Entwicklungen, die die Syner-

---

[197] Vgl. Atre, S., Uneasy fit, 1996, S. 106.
[198] Vgl. Atre, S., Uneasy fit, 1996, S. 106.
[199] Vgl. Marshall, M., DWH-Worries, 1996, S. 16 f.
[200] Vgl. Lawton, G., DWH-Applications, 1996, S. 18 ff.
[201] Übersetzt von: „At the University of Southern California, in Los Angeles, a new intranet was just one element in an ambitious data warehouse plan to give the university's administrative services department the freedom to do its own data analysis--as opposed to living with restrictive mainframe reports." Aus: Mayor, T., Intranet-DWH-Project, 1997, S. 29.
[202] Vgl. Gibson, S., Outsource Data Mining via Internet, 1996, S. 6.

gien in die Praxis umsetzen und nutzbar machen, wird die Relevanz der Synergiebetrachtung deutlich.

5.1.2 Technische Realisierungsmöglichkeiten

5.1.2.1 Technische Rahmenbedingungen

Nachdem mögliche Synergien positiv bewertet wurden, ist zu prüfen, ob diese durch angemessene technische Realisierungen erreicht werden können. Deshalb soll im Folgenden dargestellt werden, welche Möglichkeiten der Verbindung von Intranet und DWH gegenwärtig bestehen oder in naher Zukunft absehbar sind.

Grundsätzlich sind die Grundlagen einer Realisierung schon aus den vorherigen Kapiteln ableitbar. Wesentlich ist dabei die Client/Server-Architektur des Intranets, wobei auf Client-Seite der Standard-Browser als standardisierter Betrachter und Ausführungswerkzeug fungiert.[203] Auf der Server-Seite befinden sich der Web-Server zur Intranet-Anbindung. Als Verbindung beider Seiten hat sich das HTTP-Protokoll als ubiquitäres Kommunikationsprotokoll durchgesetzt.[204]

Ein zu betrachtendes Hauptproblem besteht weiterhin darin, festzustellen, welche Möglichkeiten existieren, um, basierend auf dem beschriebenen Aufbau, ein DWH zu nutzen. Dieses Problem wird in der Fachwelt augenblicklich sehr eingehend diskutiert, da der Anschluß von Datenbankanwendungen an das Internet/Intranet als ein Meilenstein zum Einsatz dieser Technologien gesehen wird.

Diese Verbindung von Intranet/Internet und Datenbanken wird häufig auch als Data Webs[205] bezeichnet. Dabei soll der Browser den Zugang zu den Daten ermöglichen. Bisherige Datenbankanbindungen waren meist in einem Zweischichtenmodell ausgelegt, „... bei dem der Client direkt mit dem Datenbank-Server kommuniziert."[206] Die aufgezeigte Intranet-Architektur bildet demgegenüber die Grundlage für mehrschichtige (sogenannte Multitier-) Anwendungen. Diese bestehen aus Client-Browser und einer mittleren Schicht. Diese besteht aus dem Web-Server als Lieferant von HTML-Seiten und aus Web-Server-Erweiterungen, die die Aufgabe haben, falls ein Zugriff auf andere Datenquellen erforder-

---

[203] Vgl. Taninecz, G., Internet and Intranet, 1996, S. 45 ff.
[204] Vgl. Lewis, J., Intranetworking, 1996, S. 44.
[205] Siehe dazu auch: Varney, S.E., Data-Webs, 1996, S. 38 ff.
[206] O. A., WWW-Anbindung für Datenbanken, 1996, S. 21.

lich ist, „... Anfragen in ein Format zu übersetzen, das die dritte Schicht, der Datenbank-Server, akzeptiert ...“[207] und ausführt.[208]

Dieser Aufbau bildet die Basis für die Weiterentwicklung der bisher passiven HTML-Seiten, die für jeden Nutzer gleich präsentiert werden. Diese sehr einfache Funktionalität wird durch die Entwicklung von Intranet-Anwendungen, die mit dem Benutzer interagieren (bezeichnet auch als Dynamisches HTML)[209], entscheidend weiterentwickelt werden können.[210] Um diese Dynamik und damit auch eine entsprechend interaktive Nutzung des DWH zu erreichen, gibt es verschiedenen Möglichkeiten. Diese technischen Realisierungsmöglichkeiten werden nachfolgend skizziert.

5.1.2.2 Einsatz von CGI und Server-API

Eine häufig genutzte Kopplungsform von Intranet mit anderen Anwendungssystemen ist zur Zeit das Common Gateway Interface (CGI). Grundsätzlich ist dies eine standardisierte Schnittstelle, die nach einem sehr einfachen, kostengünstigen und wenig fehleranfälligen Verfahren arbeitet.[211] Dieses Verfahren ist in Abbildung 13 dargestellt und wird im Folgenden beschrieben.

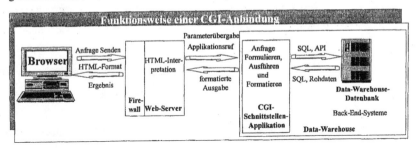

Abbildung 13: Funktionsweise einer CGI-Anbindung (speziell eines DWH)
(Quelle: Eigene Darstellung)

Das CGI empfängt die Daten, die der Browser-Anwender meist über Formulare (Forms) in eine HTML-Seite eingegeben hat vom Web-Server. Diese Daten werden als Parameter (Variablen) gesammelt. Danach wird eine entsprechend zugewiesene CGI-Applikation, im allgemeinen ein CGI-Script[212], gestartet. Dieser Applikation werden die Parameter übergeben. Die CGI-Applikation kann in einer beliebigen Programmiersprache verfaßt sein. Ein-

---

[207] O. A., WWW-Anbindung für Datenbanken, 1996, S. 21.
[208] Vgl. o. A., WWW-Anbindung für Datenbanken, 1996, S. 21 f.
[209] Vgl. Varney, S.E., Data-Webs, 1996, S. 41 ff.
[210] Ziel ist die Gestaltung von auf die Benutzer reagierenden Anwendungen, Siehe auch Intranet.
[211] Vgl. Varney, S.E., Data-Webs, 1996, S. 41 ff.
[212] Oder auch als Gateway-Scripte bezeichnet, Vgl. Lemay, L., Web publishing, 1996, S. 164 ff.

zige Bedingung ist, daß der CGI-Standard unterstützt wird.[213] Dieses CGI-Programm führt eine bestimmte Anwendung aus, beispielsweise eine SQL-Abfrage einer Datenbank unter Bezugnahme auf die ihm übermittelten Parameter. Nach erfolgter Bearbeitung wird das Ergebnis in ein CGI- und HTML-konformes Format konvertiert und an die CGI-Schnittstelle übergeben. Diese Übergabe erfolgt meist über den Standard Input/Output oder über Environment-Variablen.[214] Die Schnittstelle überträgt diese HTML-Seiten über den Web-Server wieder zum Browser-Anwender.

Mit diesem sehr einfachen, aber auch sehr flexiblen und zuverlässigen Aufbau werden bisher die meisten Anwendungen realisiert. Als CGI-Applikation können die verschiedensten Anwendungen eingesetzt werden. Genutzt werden vor allem Scriptsprachen (wie PERL, DOS-Batchprozeßprogrammierung oder UNIX-Shellscripte) oder Programmiersprachen wie C. Diese müssen jeweils auf die Plattform, auf der sie ausgeführt werden, abgestimmt sein.

Mit der beschriebenen Funktionsweise sind Datenabfragen und -ausgaben realisierbar. Weiterhin sind auch Verweise auf eine andere HTML-Seite (Redirection) möglich.[215] Sogar die Steuerung von DWH-(OLAP)-Tools über spezielle Engines kann mit CGI durchgeführt werden.[216] Beispiel hierfür ist der Zugriff auf ein DWH durch die Nutzung der DecisionSuite's OLAP-Engine von Information Advantage (siehe auch die Abbildungen im Anhang).[217]

Nachteilig ist festzustellen, daß bei dieser beschriebenen Funktionsweise die Eigenschaften des Intranets zu Problemen führen können. Durch die verbindungslose Arbeitsweise ist beim Zugriff keine ständige direkte Verbindung zwischen Browser und Web-Server vorhanden. Der Web-Server agiert als Nachrichtenübermittler, wobei jede Verbindung mit der Datenbank oder DWH eine eigenständige Login-Prozedur erfordert. Dies erzeugt einen enormen Overhead.[218] Außerdem erfolgt die Bearbeitung ausschließlich serverbasiert. Dadurch wird ein ständig notwendiger Rundlauf aller Ein- und Ausgaben erzwungen, auch wenn eine falsche Dateneingabe im Browser erfolgte. Dies ist nötig, da kein direkte Verifikation der Eingaben durch den Browser möglich ist. Zusätzlich sind eine schlechte Band-

---

[213] Vgl. Ramm, F., Recherchieren im WWW, 1995, S. 209.
[214] Vgl. Brenken, D., Intranet-Aufbau, 1996, S. 308 ff.
[215] Vgl. Ramm, F., Recherchieren im WWW, 1995, S. 211.
[216] Vgl. Phillips, B., OLAP on the Web, 1996, S. 55.
[217] Vgl. Phillips, B., Net access to DSS, 1996, S. 14.
[218] Vgl. Raden, N., Warehoues and the Web, 1996, S. 80 ff.

breitenausnutzung des Intranets und das Warten des Clients, bis der Server eine Antwort übermittelt hat, als Nachteile festzustellen.[219]

Eine Lösung dieser Probleme stellt die Verwendung von Server-APIs (Application Programing Interfaces oder auch CGI-APIs) dar, die zunehmend von den Datenbank- und DWH-Anbietern bereitgestellt werden.[220] Diese können dann als Web-Verbindung zum DWH (Web Gateway) genutzt werden, indem dem Web-Server Erweiterungen zur Datenbanknutzung über dessen Programmierschnittstelle hinzugefügt werden.[221] Die Verbindung zur Datenbank erfolgt dann über bestimmte Platzhalter oder Schlüsselzeichen (TAGs), die in die HTML-Seiten integriert sind und an den Web-Server übermittelt werden. Der Web-Server setzt die Schlüsselzeichen in API-Anweisungen an die Datenbank (DWH) um. Die Antworten werden auf die gleiche Weise über Platzhalter in HTML-Dokumente eingebunden und übermittelt.[222] Durch diese Vorgehensweise sind schnelle Antwortzeiten erreichbar. Leider sind diese APIs proprietäre Erweiterungen und müssen deshalb für jeden Server speziell entwickelt werden. Bisher sind diese nur für wenige Web-Server (z.B. Microsoft ISAPI , IBM ICAPI und Netscape NSAPI) verfügbar.[223]

Im Gegensatz zu diesen technischen Umsetzungen, die mit einigen Problemen verbunden sind, stellt Java, das im nächsten Kapitel beschrieben wird, eine wesentliche Verbesserung dar.

5.1.2.3 Einsatz von Java und Javascript

Grundgedanke der Entwicklung dieser neuen Form von Applikationen ist die unbedingte Plattformunabhängigkeit. Dieser Anspruch führte bei SUN Microsystems 1990, maßgeblich durch James Gosling, zur Entwicklung von Java.[224] Java (umgangssprachlich für Kaffee) stellt nach Meinung fast aller Experten den eigentlichen Durchbruch der Intranet-Technologie dar. Dies ist darauf zurückzuführen, daß durch Java auch im Intranet-Umfeld Funktionalitäten wie bei bisherigen C/S-Anwendungen erreichbar sind und durch den universellen Einsatz sogar übertroffen werden können.

---

[219] Vgl. Varney, S.E., Data-Webs, 1996, S. 41 ff.

[220] Vgl. Goldammer, G., HTML und Java, 1996, S. 9.

[221] Vgl. o. A., WWW-Anbindung für Datenbanken, 1996, S.21 f und auch Raden, N., Warehoues and the Web, 1996, S. 80 ff.

[222] Vgl. Raden, N., Warehoues and the Web, 1996, S. 80 ff.

[223] Vgl. Brenken, D., Intranet-Aufbau, 1996, S. 308.

[224] Vgl. McCarthy, V., Gosling on Java, 1996, S. 30 ff.

In dieser Arbeit können aus Platzgründen nicht alle Aspekte dieser Entwicklung dargestellt werden.

Grundsätzlich ist festzustellen, daß Java nicht nur eine Programmiersprache ist, sondern zusätzlich eine neue Form der technischen Realisierung von Anwendungen darstellt.[225] Als Programmiersprache ist Java angelehnt an C++, wobei bei festgestellten Schwachstellen zur Erhöhung der Zuverlässigkeit Verbesserungen vorgenommen wurden. Die Grundeigenschaften von Java sind in Tabelle 11 dargestellt.

Eigenschaft	Erklärung
Objektorientierung	Klare Objektorientierung,
	Unterstützung durch vorbereitete Klassenbibliotheken für Standardaufgaben
	Nutzung verteilter Objekte
Robustheit	Interpretation des Bytecodes aber auch Compiler sind verfügbar
Portabilität bzw. Plattformunabhängigkeit	Nutzung von Bytecode (plattformunabhängig)
	Ausführung auf Java Virtual Machine (JVM) (plattformangepaßt, in Browser integriert)
Unterstützung von Multithreading	Möglichkeit der Aufspaltung von Programmaufgaben in unabhängige Fäden
Sicherheit	Konsequente Beachtung der Sicherheit bei Bytecode-Erstellung und Interpretation durch die JVM, kein Zeigeroperationen, u.a.[226]
Einfachheit	Vereinfachungen zu C++ und erweiterte Funktionen zur Lösung bisher schwieriger Aufgaben,
	Grundsystem benötigt nur 215 KByte Speicherplatz

Tabelle 11: Ausgewählte Java-Eigenschaften
(Quelle: Eigene Darstellung)

Im Zusammenhang mit Java können 3 Anwendungsformen unterschieden werden: Java-Scripts, Java-Applets und komplette Java-Applikationen.[227] Die Funktionsweise soll anhand der Java-Applets erläutert werden. Diese Applets sind „... Einbettung von Programmcode ..."[228] zur Ausführung bestimmter Funktionen in eine HTML-Seite. Die Applets werden parallel zur HTML-Seite, in der sie referenziert sind, geladen und ausgeführt. So können sie die Steuerung der Anwendung übernehmen.[229]

Die Entwicklung von Java-Anwendungen kann mit Hilfe des kostenlos erhältlichen Java Developer' Kit (JDK) erfolgen.[230] Mit diesem Kit können die Anwendungen erstellt werden.

---

[225] Vgl. Goldammer, G., HTML und Java, 1996, S. 9 ff.
[226] Vgl. Siehe auch Goldammer, G., HTML und Java, 1996, S. 10 ff und Lemay, L., Perkins, J., Java is Secure, 1996, S.47 ff.
[227] Vgl. Goldammer, G., HTML und Java, 1996, S 9 ff.
[228] Goldammer, G., HTML und Java, 1996, S 10.
[229] Vgl. Goldammer, G., HTML und Java, 1996, S 10.
[230] Verfügbar unter: http://java.sun.com.

Diese werden anschließend in einen maschinenunabhängigen Zwischencode, den Bytecode, kompiliert. Dieser Code wird auf dem Server abgelegt.

Der Aufruf dieses Programmes in einem HTML-Dokument wird über ein spezielles Schlüsselzeichen, den Applet-TAG (beispielsweise: <APPLET code="hallo.class" </APPLET>), referenziert.

Wird nun eine HTML-Seite auf dem Browser-Client aufgerufen, wird diese Seite vom Server geladen. Enthält sie einen solchen Applet-TAG, wird auch das angegebene Applet im Bytecode an den Client übertragen. Zur Ausführung dieses Bytecodes auf der Client-Seite ist ein Interpreter, der auf die Anforderungen der Client-Plattform abgestimmt ist, erforderlich. Dieser Interpreter wird auch als Java Virtual Machine (JVM) bezeichnet. Dieser ist in den meisten Browsern schon direkt integriert und damit verfügbar. Diese JVM übernimmt:

- die Interpretation des maschinenunabhängigen Bytecodes in maschinenabhängigen und ausführbaren Code,

- das gegebenenfalls nötige Einbinden und Hinzuladen anderer möglicherweise vordefinierter Klassen aus verschiedenen Bibliotheken (dynamisches Linken),

- die Behandlung von Fehlern und

- die Sicherheitsüberprüfungen.

Nachdem somit ein lauffähiges Programm erstellt wurde, wird es auf dem Client gestartet.[231]

Damit werden im Intranet erstmals Anwendungen direkt auf der Client-Seite ausgeführt. Dies ermöglicht einerseits die Nutzung der Client-Ressourcen und die Entlastung der Server. Andererseits bietet es aber auch die Möglichkeit einer komfortablen und umfassenden Unterstützung des Nutzers durch funktionale, grafische Bedienoberflächen.

Als besondere Anwendungsform ist das Java-Script zu sehen. Es ist eine Scriptsprache, die an Java angelehnt ist, aber nur einen kleinen Funktionsumfang besitzt. Java-Scripts werden als Source-Code offen und direkt in die HTML-Seiten eingebettet, ohne daß vorher Bytecode erzeugt wird. Dieser eingefügte Code wird beim Laden der HTML-Seite interpretiert und bei bestimmten Aktionen des Nutzers auf der Seite ausgeführt. Die Möglichkeiten von Java-Script sind dabei sehr beschränkt und hauptsächlich auf kleine Ergänzungen, Auswer-

---

[231] Vgl. Goldammer, G., HTML und Java, 1996, S. 9 ff.

tung von Variablen, Plausibilitätsprüfungen von Eingabedaten u.ä. auf der Client-Seite ausgerichtet.[232]

Die dargestellten Funktionsweisen konnten die vielfältigen Einsatzgebiete von Java nur schemenhaft skizzieren. Eine der Hauptbedeutungen liegt, neben der oft beschriebenen Gestaltung von HTML-Seiten, in der Verwendung von Java zur Kopplung und Nutzung von Datenbanken und DWH.

Die Grundlage für diese Möglichkeit bildet die Java Database Connectivity (JDBC). Damit wird eine neue Schicht zur Abstraktion der Daten- und Anwendungstools[233] angestrebt, die auf einer gemeinsamen Ebene den Zugriff auf multiple Datenbanken erlaubt.[234] Die JDBC soll „... einen robusten Standard für Entwickler darstellen, um Java-Applikationen zu schaffen, die auf Datenbanken zugreifen."[235] Die Funktionalität ist dabei mit der von ODBC, das bei herkömmlichen Anwendungen eingesetzt wird, vergleichbar.[236] Die ODBC-Technologie benötigt aber einen extra Treiber auf dem Client zum Datenbankzugriff. Dies ist bei JDBC nicht nötig.

Die Verwendung von Datenbanken kann einfach, einheitlich und datenbankübergreifend erfolgen. Um dies zu gewährleisten, ist die Architektur von JDBC zweischichtig gestaltet. Sie besteht aus JDBC-API und JDBC-Driver-API, wie auch in Abbildung 14 dargestellt ist.[237] Innerhalb eines Java-Applets wird die Datenbankanbindung über die Nutzung einer Java-Built-In-Klasse (Klassenbibliothek) als JDBC-API realisiert.[238] Damit ist eine einheitliche Benutzung aller Datenbanken ermöglicht. Über den JDBC-Manager und die JDBC-Driver-API werden die entsprechenden benötigten Treiber für die spezielle Datenbank dynamisch geladen.[239]

Abbildung 14: Aufbau von JDBC (Quelle: In Anlehnung an: Varney, S.E., Data-Webs, 1996, S. 45)

Damit ist der Nutzer und Entwickler unabhängig von der Plattform und Architektur der Datenbank, da er alle Datenbanken über eine einheitliche und standardisierte Abstraktionsebene (JDBC-API) benutzen kann. Bisher nötige Anpassungsmaß-

---

[232] Vgl. Goldammer, G., HTML und Java, 1996, S. 9 ff.

[233] Vgl. Varney, S.E., Data-Webs, 1996, S. 46 ff.

[234] Vgl. Varney, S.E., Data-Webs, 1996, S. 39.

[235] Übersetzung von: „... to be a robust standard for developers seeking to write Java applications that access databases." Aus: Varney, S.E., Data-Webs, 1996, S. 39.

[236] Vgl. Linthicum, D. S., Intranet-Applications, 1996, S. 116 ff.

[237] Vgl. Varney, S.E., Data-Webs, 1996, S. 39 ff.

[238] Vgl. Linthicum, D. S., Intranet-Applications, 1996, S. 118.

[239] Vgl. Mael, S., ODBC versus JDBC, 1996, S. 32.

nahmen müssen nicht mehr vorgenommen werden, da die 2. Schicht, die JDBC-Driver-API, diese Aufgaben erfüllt.

Damit sind durch Java zwei große Ziele der Anwendungsentwicklung erreicht worden. Erstens kann durch den Bytecode und die JVM eine einmalig erstellte Anwendung auf Clients der verschiedensten Plattformen genutzt werden, wenn ein Browser mit JVM verfügbar ist. Zweitens ist durch die Java Database Connectivity die Benutzung unterschiedlichster Datenbanken unter einer gemeinsamen Schnittstelle ermöglicht worden.

Obwohl diese Vorteile von Java erkennbar sind, ist noch vorwiegend Zurückhaltung bei den praktischen Anwendungen zu verzeichnen. Besonders, da mit Java im High-Level-Einsatzbereich[240] bisher keine Erfahrungen bestehen, wird angezweifelt, daß auch geschäftskritische Anwendungen durch Java realisierbar sind.[241]

Das Beispiel der Transport und Versandfirma CSX Corp. zeigt aber, daß dies möglich ist. Nach einer extrem kurzen Entwicklungszeit von 3 Monaten konnte in diesem Unternehmen eine stabile Anwendung realisiert werden, die über einen WWW-Browser die gesamten Transportbewegungen in den USA grafisch darstellt.[242]

Wie auch andere Beispiele zeigen, wird Java eine Schlüsselrolle bei der zukünftigen Anwendungsentwicklung, aufgrund seiner plattformunabhängigen und damit seiner universellen Einsetzbarkeit, erlangen. Dies wird beispielsweise durch die Bestrebungen fast aller Softwareanbieter (wie IBM, Microsoft, Adope Systems, Borland, Oracle, Peoplesoft, SAP, SAS, Symantec u.a.) deutlich, die sehr intensiv an Java-Realisationen ihrer bisherigen Software arbeiten.[243]

5.1.2.4 Einsatz weiterer technischer Möglichkeiten

Eine technische Realisierung ist weiterhin über verschiedene andere Möglichkeiten denkbar. Da diese aber meist proprietäre Bestandteile aufweisen, sind sie für einen breiten Einsatz im Unternehmen meist nicht geeignet. Deshalb werden diese hier nicht behandelt. In diesem Bereich ist leider auch Active X von Microsoft einzuordnen. Active X ist in seinen Funktionalitäten Java ähnlich, hat aber den großen Nachteil, daß es zwar kompatibel zu den Microsoft-Produkten, aber nicht plattformübergreifend ist.[244] Zusätzlich hat sich die

---

[240] Ausdruck im Englischen für: unter sehr starker Beanspruchung stehend, hohe Transaktionsanzahl, Benutzeranzahl und niedrige Reaktionszeiten etc.

[241] Vgl. Varney, S.E., Data-Webs, 1996, S. 39 und Linthicum, D. S., Intranet-Applications, 1996, S. 118.

[242] Vgl. Armstrong, B., Intranet-Praxis, 1996, S. 52.

[243] Vgl. Semich, J. W., Java Enterpise Platform, 1996, S. 41.

[244] Vgl. Flynn, J., Clarke, B.: ActiveX unmasked, 1997, S. 135 ff.

von Microsoft propagierte Architektur verteilter Objekte (COM/OLE und ODBC) aufgrund ihrer Herstellerabhängigkeit nicht durchgesetzt. Die herstellerunabhängige Common Objekt Request Broker Architektur (CORBA) ist demgegenüber anerkannt.[245] Aus diesen Gründen wird sich die künftige Entwicklung verstärkt in Richtung Java vollziehen.

5.1.3 Beurteilung der Relevanz der Betrachtung durch Praxisaussagen

5.1.3.1 Motivation der Betrachtung

Die bisher dargestellten Aspekte zeigen, daß eine Kombination der DWH- und Intranet-Technologien technisch möglich und auch mit bestehenden oder sich entwickelnden Mitteln, Verfahren und Geräten realisierbar ist. Wie beschrieben, wird gegenwärtig vorwiegend die CGI-Schnittstelle zur Kopplung verwendet. Abzusehen ist, daß Java aufgrund wesentlich höherer Funktionalität und weiterer Vorteile in Zukunft die Basis für die technische Realisierung darstellen wird.

Diese technische Machbarkeit einer Kombination ist aber noch keine gesicherte Grundlage für eine wirkliche praktische Realisierung. Bisher sind oft vielversprechende Entwicklungen an fehlenden Rahmenbedingungen, fehlender Akzeptanz oder zu geringer Verbreitung gescheitert. Deshalb sollen die anschließenden Aussagen belegen, ob eine Synergie aus der Sicht der Praxis zu erwarten ist.

Da die beiden in dieser Arbeit beschriebenen Technologien zu den derzeit modernsten gehören, sind wirklich aussagefähige Analysen zur deren Verbreitung und Nutzung nur sehr schwer zu erstellen. Meist sind Umfragen entweder von Hard-/Softwareanbietern oder -beratern betrieben wurden. Da deren Ziel die Aquise neuer Kunden ist, können diese Untersuchungen meist nicht eine unabhängige und objektive Darstellung garantieren. Aus diesem Grund sind nachfolgend verschiedene Analysen aus der Literatur zusammengetragen, um gemeinsame Tendenzaussagen ableiten zu können.

5.1.3.2 DWH-Verbreitung

Die Aussagen zur Verbreitung des DWH reichen von:

- ein Viertel aller Befragten Unternehemen haben oder sind beim Aufbau eines Data-Warehouses (nach einer Umfrage der Digital Equipment Corp., durchgeführt von Cahners Publishing Co.),[246] bis zu der Einschätzung, daß

---

[245] Vgl. o. A., Umkehr zur zentralen DV, 1996, S. 27 f und Özsu, M. T., New Foundation, 1997.
[246] Vgl. Lawton, G., DWH-Applications, 1996, S. 18 ff.

- 90% - 95% der großen Unternehmen ein DWH aufbauen, das oft sogar den Multi-Tera-Bereich in der Speicherkapazität erreicht (nach einer Umfrage der Meta Group).[247]

Als signifikant ist festzustellen, daß eine sehr starke Ausbreitung des DWH, besonders auch im Ausland, zu beobachten ist. So zeigt eine regelmäßig von einem führendem Unternehmen in der Beratung (The Meta Group of Stamford) durchgeführte Umfrage, daß im Februar 1996 95% der Fortune 1000 Unternehmen mit dem Aufbau eines DWH beschäftigt waren (von diesen sind 15% im voll produktiven Betrieb).[248] Demgegenüber beschäftigten sich 1994 erst 15% der Unternehmen mit einem DWH.[249] Einen weiteren Aspekt zur Beurteilung der Bedeutung stellt die Tatsache dar, daß auch die Firma SAP im Zusammenhang mit ihrer weiterverbreiteten Standardsoftware SAP R/3 die DWH-Technologie zukünftig unterstützt.[250] Durch den breiten Einsatz von SAP R/3 wird damit auch der Aufbau von DWH für eine Vielzahl von Unternehmen ermöglicht.

Diese Beispiele zeigen, daß das DWH eine sehr große Rollen in den Unternehmen spielt. Diese wird sich in Zukunft noch verstärken.

5.1.3.3 Intranet-Verbreitung

Auch die Intranet-Technologie soll, wie das DWH, durch verschiedene Aussagen der Praxis beurteilt werden. Vorreiter der Entwicklung ist, wie auch beim Internet, bei PC-Ausstattung u.ä., die USA.[251] Aber auch in allen anderen Ländern ist die Intranet-Technologie weit verbreitet, wie die Umfragen zeigen:

- 16% der Unternehmen haben, 26% planen und 24% evaluieren eine Intranet-Installation (nach einer Umfrage von Netscape).[252]

- 90% der großen Unternehmen evaluieren eine Intranet-Lösungen (nach einer Umfrage der Delphi Consulting Group Inc. of Boston).[253]

- 2/3 der mittleren und großen Betriebe haben oder planen Intranets (nach Forrester Research Inc., Cambridge, Mass.).[254]

---

[247] Vgl. o. A., Four Terabyte Warehouse, 1995, S. 40.

[248] Nach einer Umfrage unter den Global 2000, in: Marshall, M., DWH-Worries, 1996, S. 16 f; Und vgl. Rudin, K., New in Data Warehousing, 1996; Fortune 1000 ist ein häufig genutztes Unternehmensranking; Hier sind die 1000 größten Unternehmen bezeichnet; Nähere Erläuterungen und das gesamte Ranking siehe: http://www.pathfinder.com/@@BT928wYAg@9zr9HW/fortune/fortune500 (29.07.1997).

[249] Vgl. Rudin, K., New in Data Warehousing, 1996, Ohne Numerierung.

[250] Dies wird durch eine Zusammenarbeit der SAP AG und PeopleSoft Inc. realisiert. In der 2.Version des Open Information Warehouse wird eine Nutzung von Daten der einzelnen SAP-Applikationen in einen Central Repository möglich. Siehe dazu auch: Kerstetter, J., SAP-DWH, 1997, S. 8.

[251] Vgl. Bird, J., Switching on to intranets, 1996, S. 78 ff.

[252] Vgl. Bird, J., Switching on to intranets, 1996, S. 78 ff.

[253] Vgl. o. A., Intranets in computing life, 1996, S. 54.

[254] Vgl. Hasek, G., Intranets revolutionizing communikation, 1996, S. 65 ff.

- 90% von 400 Fortune 1000 Unternehmen besitzen oder evaluieren ein Intranet (nach einer Umfrage der Delphi Consulting Group).[255]

Mit diesen Aussagen ist ein deutlicher Trend zur Verbreitung der Intranets zu belegen. Auch in Deutschland erfolgt gegenwärtig eine massive Entwicklung zum Intranet, wie aus einer Umfrage der Computerwoche im Oktober 1996 ersichtlich wird. Danach sind bei 65% bis 80% der Unternehmen Intranets geplant, realisiert oder befinden sich in der Einführungsphase.[256] Diese Zahlen belegen eindrucksvoll, daß die Intranet-Technologie einen sehr hohen Stellenwert besitzt. Die Einflüsse des Intranets können zusätzlich an vielen Beispielen demonstriert werden.[257] Exemplarisch kann das Beispiel der Anwendung eines Intranets bei der Verbindung von über 33650 Mitarbeitern in 10 Länder des Unternehmens Deere & Co (Bereich Datenverarbeitung) angeführt werden. Bei diesem wurden verschiedene Rechnersysteme an das Intranet angeschlossen und mittels Netscape-Browser bedienbar.[258]

5.1.3.4 Potential einer Synergie

Anhand der Aussagen aus den beiden vorangegangenen Abschnitten ist die Bedeutung beider Technologien verdeutlicht worden. Wie in Abbildung 15 gezeigt, befaßt sich die Mehrzahl der Unternehmen mit beiden Technologien. Daraus ergibt sich zwangsläufig, daß es zu einem Aufeinandertreffen des DWH und des Intranets kommen kann. Deshalb sind, beim Einsatz einer dieser Technologien, die Wechselwirkungen und Möglichkeiten in Bezug

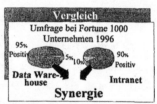

Abbildung 15: Vergleich DWH- und Intranet-Verbreitung
(Quelle: Eigene Darstellung, Daten zusammengefaßt aus: Marshall, M., DWH-Worries, 1996, S. 16 ff und James, G., Intranets Rescue Reengineering, 1996, S. 40 ff, Siehe

zur anderen unbedingt zu berücksichtigen. Dies bedeutet weiterhin, daß die Planung des Einsatzes einer Technologie nicht unabhängig von der anderen erfolgen sollte. Somit ist es zwingend erforderlich, eine umfassende und integrierende Betrachtung der Technologien durchzuführen. Nur diese gemeinsame Betrachtung ermöglicht es, positive und auch nega-

---

[255] Vgl. James, G., Intranets Rescue Reengineering, 1996, S. 40 ff.
[256] Vgl. o. A., Intranet-Studie, 1996, S. 1, Die Bereichsangabe 65%-80% ergibt sich durch die Zusammenfassung der in der Umfrage verwendeten Klassifizierung nach Unternehmensgrößen nach Anzahl der Mitarbeiter (1-20, 21-50, etc.).
[257] Teilweise ist dies schon im Kapitel zum Intranet geschehen.
[258] Vgl. Mayor, T., Intranet-Example, 1996, S. 44.

tive Wechselwirkungen zwischen DWH und Intranet feststellen zu können.[259] Diese
Synergien sollen im Folgenden untersucht werden.

5.2 Mögliche Synergiewirkungen der Kombination

5.2.1 Überblick

Eine Betrachtung der Synergien kann nach den verschiedensten Kriterien und Sichtweisen
erfolgen. Schon die Darstellungen der einzelnen Technologien in den vorangegangenen
Kapiteln geben einen Überblick, welche Synergiewirkungen zu erwarten sind. Deshalb ist
eine vollständige Beschreibung im Umfang dieser Arbeit nicht möglich. Aus diesem Grund
besteht das Anliegen dieser Arbeit darin, zentrale Gedanken, besonders im Zusammenhang
mit den Wirkungen auf die MSS, darzustellen.

Besonders wichtig ist es dabei, eine Systematisierung der Problematik vorzunehmen. Bisher liegt in der Literatur keine ausreichend strukturierte Betrachtung der Kombination von
DWH und Intranet vor. Da diese aber für eine wissenschaftliche Betrachtung nötig ist, wird
in dieser Arbeit eine Strukturierung in Anlehnung an das Informationsmanagement[260] vorgenommen. Dadurch kann in drei verschiedenen Sichtweisen unterschieden werden, die in
Abbildung 16 dargestellt sind.[261] Zusätzlich erscheint es notwendig, wie schon in den obigen Ausführungen erläutert, in diese Betrachtung den Nutzer, d.h. den potentiellen Anwender der MSS, direkt einzubeziehen. Deshalb wird dieser in der 4. Sichtweise explizit berücksichtigt.

---

[259] In dieser Arbeit als Synergien bezeichnet.
[260] Vgl. Heinrich, L. J., Informationsmanagement, 1992, S. 31 ff.
[261] In Anlehnung an die Aufgaben des IM in: Heinrich, L. J., Informationsmanagement, 1992, S. 40 ff.

Sichtweisen auf die Synergien von DWH und Intranet	
Strategische Sichtweise	• als unternehmensweite, langfristige Planungsentscheidungen • Wahrnehmung der Führungsaufgaben • Strategische Entscheidungen zur Gestaltung, Entwicklung und Einsatz der Informationssystem-Architektur
Administrative Sichtweise	• als Schaffung und Aufrechterhaltung der strategisch geplanten Informationssystem-Architektur • Speziell die Entwicklung und Implementierung von Anwendungssystemen
Operative Sichtweise	• als (System-) Betrieb und (System-) Nutzung der Informationssystem-Architektur • Speziell Betreiben und Warten der Anwendungssysteme
Sicht des Nutzers	• Unterstützung potentieller Entscheidungsträger durch MSS, Einsatz der Anwendersysteme

Abbildung 16: Sichtweisen auf die Synergien von DWH und Intranet
(Quelle: Eigene Darstellung)

Nach dieser Strukturierung in vier Sichtweisen wird im Folgenden eine Darstellung der Synergien vorgenommen.

Die einzelnen Sichtweisen sind voneinander meist nicht exakt zu trennen, da vielfach Wechselwirkungen und Rückkopplungen zwischen diesen bestehen. Aus diesem Grund werden die einzelnen Synergieaspekte in der Sichtweise erläutert, in der sie ihre Hauptbedeutung besitzen. In den übrigen Sichtweisen werden diese dann nicht nochmalig explizit beschrieben.

Um einen allgemeinen Überblick über die festgestellten Synergien zu ermöglichen, sind die Hauptsynergien in Tabelle 12 stichpunktartig aufgeführt.

Synergie (Schlagworte)	Auf Seite
Strategische Sicht	
Durchsetzung einer Informationsintegration	67
Nutzer werden zu Wissensteilern (Knowledge Sharers)	68
Basis für schlanke Clients	68
Kostensenkung bei MSS	69
Offenheit	69
Flexibilität der entstehenden Gesamtstruktur	69
Zukunftsweisende Netzwerkstrategie	70
Erreichbare Interaktivität	70
Integration von strukturierten und unstrukturierten Informationen	71
Hypermediafähigkeit	72
Umfangreiche analytische Unterstützung	73
Erreichung einer höchstmögliche Reich- und Spannweite (auch für DWH)	74
Zielgerichtete Kommunikation; Aktuelle Informationen	75
Einsatz von Agenten	76
Verbesserung der Kooperation und Kommunikation im Unternehmen und darüber hinaus	76
Schaffung einer gemeinsamen Kommunikationsplattform zur Überwindung von Inkompatibilitäten	78
Nutzung externe Daten über die gemeinsame Kommunikationsplattform	79
Neue Wirkungsdimension des DWH	79
Investitionsschutz	80
Migrationsfähigkeit	80
Integration verschiedener Anwendungssysteme	81
Anpassung an zukünftige Anforderungen	82
Virtuelle Welten durch VRML	83
Weiterentwicklung des C/S-Architektur	85
Schlüsselrolle zur Umsetzung des Business Prozess Reengineering	86
Administrative Sicht	
Plattformübergreifende Anwendungssysteme im gesamten Unternehmen	88
Offene Anwendungsentwicklungsplattform	88
Severbasierte Verarbeitung in Verbindung mit Middleware und Browser	89
Objektorientierung mit Java	89
Flexiblere und schnellere Anwendungsentwicklung	89
Zusätzliche Dienste (E-Mail) sind einfach realisierbar	75
Verlagerung der Anwendungsentwicklung auf den Nutzer	91

Operative Sicht	
Vereinfachung der Wartung der Anwendungssysteme	92
Einfache Verteilung der Software; Hohe erreichbare Aktualität	92
Zentralisierung der Anwendungssystem und der Datenhaltung	93
Verringerung des Schulungs- und Supportaufwands	94
Nutzersicht	
Einfache Bedienung der MSS und umfassende Unterstützung des Nutzers	95
Nutzung im gesamten Unternehmen	95
Individuelle Arbeitsumgebungen für den Nutzer	96
Individuelle Gestaltung der Anwendungssysteme durch den Nutzer	96
Akzeptanz	96
Browser ermöglichen bessere Informationsversorgung durch Hypertext etc.	96
Entlastung von Routineaufgaben durch Agenten	96
Effektivere Zusammenarbeit in Gruppen	97

Tabelle 12: Übersicht der Synergien (Schlagworte)
(Quelle: Eigene Darstellung)

Die einzelnen Synergien, deren Ursprung und deren Begründung werden in den folgenden Abschnitten auf den in Tabelle 12 angegebenen Seiten detailliert betrachtet.

5.2.2 Synergien aus strategische Sichtweise

5.2.2.1 Veränderung der Informationssystem-Architektur

Die strategische Betrachtung einer Kombination von DWH und Intranet wird geprägt durch die Untersuchung der Wirkungen auf die Anwendungssysteme im Unternehmen. Dabei sind speziell die MSS zu berücksichtigen. Eine strategische Beurteilung ist dabei, im Umfeld einer sich ständig weiterentwickelnden IV-Landschaft, eine schwierige Aufgabe. Um diese zu erfüllen, werden in den folgenden Kapiteln spezielle Synergien analysiert.

Eine Basis für diese Erläuterungen sollen die folgenden Ausführungen bilden. Bisher ist die Informationssystem-Architektur im Unternehmen meist durch eine Reihe von unterschiedlichen Rechnersystemen für diverse Anwendungen geprägt. Dies führt zu hoher Komplexität, hohen Kosten, schlechter Nutzerbefriedigung, unzureichender Einbindung der Geschäftsprozesse und großem Aufwand bei der Administration der heterogenen Umgebungen.[262] Dies hat zur Folge, daß die Mehrheit der Unternehmen die in Kapitel 2 beschriebenen strategischen Anforderungen einer umfassenden und übergreifenden Unter-

---

[262] Dies ist nur eine Auswahl der Ist-Beschreibung, da eine Darstellung in den vorangegangenen Kapiteln erfolgte, Vgl. o. A., Intranet-Nutzen, 1996, S. 9 f.

stützung durch MSS nicht gerecht werden können. Deshalb müssen strategische Entscheidungen zur Behebung dieses Problems getroffen werden, bei denen besonders die Synergien von DWH und Intranet zu beachten sind.

Speziell die horizontale und vertikale Integration der IKS sollte im Vordergrund stehen.

Dabei gab es bei der getrennten Betrachtung der DWH und Intranet-Technologien meist bedeutsame Nachteile. So „... war eine Integration von Informationsflüssen lediglich mit aufwendigen Data-Warehouse-Anwendungen möglich, die individuell auf die unterschiedlichen Datenflüsse im Unternehmen angepaßt werden mußten und damit sehr teuer in der Einführung und inflexibel im Betrieb waren."[263]

Erst die Kombination beider Technologien ermöglicht eine umfassende strategische Berücksichtigung dieser neuen Technologien.

Dabei ist festzustellen, daß eine grundlegende Synergie beider Technologien in der ermöglichten Durchsetzung einer Informationsintegration im gesamten Unternehmen besteht. Dies wird in Abbildung 17 und in den folgenden Erläuterungen dargestellt.

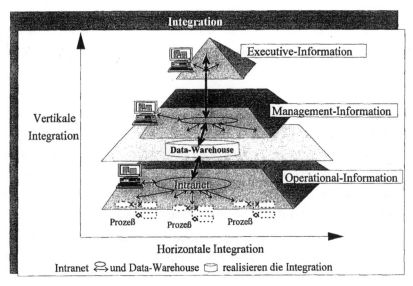

Abbildung 17: Integration durch die Kombination von Data-Warehouse und Intranet
(Quelle: Eigene Darstellung)

Diese Integration wird nur durch den gemeinsamen Einsatz beider Technologien ermöglicht. Das DWH realisiert dabei vorwiegend eine breite und umfassende Bereitstellung von

---

[263] Kyas, O., Unternehmensstrategie Intranet, 1997, S. 23.

Informationen und Auswertungsmöglichkeiten. Diese können aber erst durch den Einsatz des Intranets im Unternehmen im Rahmen der MSS für eine weitreichende Verwendung erschlossen werden.

Hauptgrund sind dafür die umfangreichen und einfach zu realisierenden Kommunikationsmöglichkeiten im Intranet. Dies ist in Abbildung 17 anhand der Kommunikationsverbindungen dargestellt, die das Unternehmen vertikal und auch horizontal durchsetzen. Diese bilden wiederum die Basis für umfassende MSS durch den DWH-Einsatz.

Deshalb kann festgestellt werden, daß Unternehmen dazu übergehen, DWH-Lösungen unter Verwendung des Intranets zu schaffen, da Intranet-Browser (als Front-End-Tools) im gesamten Unternehmen verbreitet sind.[264] Damit ergibt sich die Möglichkeit, daß die Nutzer zu Wissensteilern (Knowledge Sharers) werden können und nicht wie bisher meist ausschließlich als Wissenssucher (Knowledge Seekers) fungierten. Dies stellt einen großen Fortschritt für die MSS Unterstützung im Unternehmen dar.[265]

Darüber hinaus sind aus strategische Sicht zusätzlich Wechselwirkungen mit anderen Entwicklungstrends in der Informationsverarbeitung zu beachten.

Positive Wirkungen können dabei besonders für die Anstrengungen, eine Kostensenkung im Bereich der Client-Rechner, d.h. meist der Nutzer-PC, zu erreichen, festgestellt werden. Unter Betrachtung aller anfallenden Kosten - der Total Costs of Ownership - sollen die bisher entstanden sehr „fetten", teuren Clients (Fat Clients) durch billigere, schlanke Clients (Thin Clients) abgelöst werden. In diesem Kontext kann auch der Netz-PC (NC) eingeordnet werden.

Der Einsatz des Intranets in Kombination mit DWH-Systemen kann als Grundlage dieser Thin Clients gesehen werden.[266] Dies ist besonders bedeutsam, da in einer Studie prognostiziert wird, daß in den Unternehmen rund 70% der bisherigen PCs durch einen Netz-PC ersetzt werden und die restlichen 30% der PCs Workstation-Aufgaben zu erfüllen haben.[267]

Neben diesen Gründen für eine strategische Berücksichtigung der Technologiekombination in der Praxis erhoffen sich die Unternehmen weitere Vorteile, die nachfolgend kurz skizziert werden.

---

[264] Vgl. Lawton, G., DWH-Applications, 1996, S. 18ff.
[265] Vgl. Tanler, R., DWH on Intranet, 1996, S. S34 ff.
[266] Durch die Verwendung flexibler Standardbrowser anstatt verschiedenster Anwendungen.
[267] Vgl. o. A., Umkehr zur zentralen DV, 1996, S. 27 f.

Ein wesentlicher Grund für die Kombination von DWH und Intranet ist die erwartete Kostensenkung. Bisher ist es meist zu kostspielig, den Zugriff auf das DWH und die dazu benötigten Tools in breitem Umfang einzusetzen.[268] Deshalb kann als wesentlich Synergie einer Kombination festgestellt werden: „... es wird die Kosten verringern, die Anfallen um eine unternehmensweite Entscheidungsunterstützung zu schaffen ..."[269].

Wie die Installation eines Intranets beispielsweise bei Siemens-Nixdorf zeigt, kann durch die Nutzung vorhandener Technik und Browser ohne neue Investitionen ein Intranet aufgebaut werden.[270]

Als weiterer Hauptsynergieaspekt ist die erreichbare Offenheit durch die Unterstützung offener Standards[271] hervorzuheben. Dies resultiert aus dem schon beschriebenen Entwicklungsdruck des Intranets/Internet, der alle Anbieter zwingt, diese offenen Standards zu unterstützen.[272] Damit bietet das Intranet eine offene Lösung, bei der verschiedenste Browser, Server und Netzwerke benutzt werden können.[273] Damit ist eine Unabhängigkeit von Hard- und Softwareherstellern realisierbar. Besondere Bedeutung besitzt dabei die Verwendung von Middleware-Komponenten als plattformübergreifende Schicht, die Anpassungen und Steuerungen anderer Komponenten übernehmen kann.[274] Dies bedeutet, daß, obwohl heterogene Strukturen in der IS-Architektur vorhanden sind, durch die zwischengeschaltete Middleware eine homogene Verwendung ermöglicht wird.[275] Damit ist es nicht länger notwendig, daß alle Mitarbeiter dieselben Produkte/Anbieter von Hard- und Software benutzen, um Informationen auszutauschen.[276]

Ein weiter Hauptvorteil bei einer Kombination beider Technologien ist in der Flexibilität der entstehenden Gesamtstruktur zu sehen. Besonders der einfache Aufbau des Intranets und die Server-Anbindung des DWH ermöglicht es relativ einfach, eine hohe Anpassungsfähigkeit des Gesamtsystems an Veränderungen und neue Anforderungen zu erreichen.

---

[268] Vgl. o. A., The net worth of data, 1996, S. 53 f.

[269] Übersetzt von: „... it will reduce the cost of providing organisation-wide decision support ...", aus: o. A., The net worth of data, 1996, S. 53.

[270] Vgl. Petrik, C. E., Praxisbeispiel Intranet bei SNI, 1996, S. 60.

[271] Hier verwendet mit der Bedeutung: offene Normen sind: vollständig definiert, besitzen eine unveränderliche Basis, sind veröffentlicht, so daß alle Anbieter in der Lage sind, diese Normen in ihren Produkten etc. umzusetzen, Vgl. Keen, P.G.W., Informationstechnologie, 1992, S. 252 ff.

[272] Vgl. Holdren, J., Integrate Intranets, 1996, S. 17.

[273] Vgl. Raden, N., Warehoues and the Web, 1996, S. 80 ff.

[274] Wie schon im Abschnitt zur technischen Realisation einer Kombination dargestellt wurde.

[275] Vgl. Heimann, H.-W., Gobalität durch DWH, 1996, S. 45.

[276] Vgl. Hasek, G., Intranets revolutionizing communikation, 1996, S. 65 ff.

Einen weiteren wichtigen Aspekt bei der strategischen Betrachtung stellt die Festlegung der langfristig zu verfolgenden Netzwerkstrategie dar. Dabei ist die folgenden Aussage von ausschlaggebender Bedeutung. „Da fast jeder einen Zugangspunkt zum Internet finden kann, entfällt das Bedürfnis der Unternehmen, ihre Netzwerke immer weiter auszubauen, um alle potentiellen Nutzer erreichen zu können."[277] Dies kann auch auf das Intranet übertragen werden. Damit ergeben sich sehr große Einsparungsmöglichkeiten, da Netzwerke sehr flexibel ausgebaut, verbunden und erweitert werden können. Besonders durch die mögliche Nutzung des Internets ergeben sich große Vorteile für Intranet-Netzwerke. Diese Eigenschaften können bei einer Kombination auch auf das DWH und auf dessen Nutzung übertragen werden. Deshalb kann laut Forrester-Report angenommen werden, daß Netzwerk-Betriebssysteme wie Novell-Netware in ihrer klassischen Form aussterben werden.[278]

Nach diesen allgemeinen Erläuterungen der Synergien auf strategischer Ebene, sollen im Folgenden ausgewählte Aspekte näher betrachtet werden.

5.2.2.2 Interaktivität durch Multimedia und Hypermedia

Eine besondere Bedeutung erlangt die Kombination von DWH und Intranet durch die damit erreichbare Interaktivität. Unter Interaktivität ist dabei zu verstehen, „„... wie eng Eingabe- und Ausgabeaktionen miteinander in Beziehung stehen."[279] Diese kommunikative Bandbreite zwischen Benutzer und Rechnersystem verbessert sich im Laufe der Entwicklung der IKS ständig. Diese Entwicklung wird besonders durch neue technische Möglichkeiten geprägt. Dadurch konnten sich die folgenden Typen der Interaktion herausbilden:

1. Kommandosprachen - mit bestimmter Syntax, die genaue Kenntnisse zur Benutzung verlangen,

2. Menütechniken - Basis der Interaktion ist die Auswahl durch den Nutzer, die die Fehleranfälligkeit senkt,

3. graphische Benutzeroberflächen - bei der Objekte visuell präsentiert werden.[280]

Die in frühen Formen der Interaktivität festellbare sequentielle Folge von bestimmten, separaten und meist vordefinierten Eingaben wird zunehmend durch modernere Formen der

---

[277] Übersetzung von: „ Just about anyone can find an access point to the Internet, eleminating the need for companies to extend their networks to accommadate all potential users." Aus: Raden, N., Warehoues and the Web, 1996, S. 80.

[278] Vgl. o. A., Alternative Intranet, 1996, S. 5.

[279] Übersetzung von: „„... how tighly input and output actions are interleaved with each other." Aus: Ziegler, J., Interactivity, 1996, S. 185.

[280] Nähere Angaben siehe Ziegler, J., Interactivity, 1996, S. 185 ff.

Interaktivität abgelöst. Diese zeichnen sich durch unmittelbare Reaktionen und das selbsttätige Auslösen von Aktionen auf Nutzereingaben aus. Die Zielrichtung ist es, die Mensch-Maschine-Kommunikation als Interaktion zu gestalten, die „... natürlichere, dauerhafte und implizite Kommunikation, die alle Sinne und Modalitäten des Ausdrucks die uns verfügbar sind, nutzt ...“[281]. Zusätzlich wird erwartet, daß standardisierte Basis-Interaktions-Objekte wie Buttons und Menüs benutzt werden, um aus diesen Bausteinen (auch als Widgets bezeichnet) komplexe Dialogstrukturen für verschiedenen Aufgaben aufzubauen.[282]

Unter Betrachtung dieser beiden Aspekte kann das Intranet als neue Interaktionsform betrachtet werden, da es über den Browser die Kombination verschiedener Interaktionstechniken ermöglicht. Dabei können beispielsweise einfacher Text, Bild-, Audiodaten und auch Videosequenzen eingesetzt werden. Durch die Verwendung von Standardobjekten, wie Bildelementen, Buttons oder Felder in den HTML-Seiten wird es möglich, auch komplexe Aufgaben zu implementieren. Dadurch wird ein multimediales Interface als Interaktionsform für verschiedene Nutzungen verfügbar. Somit kann diese Interaktionsform auch bei DWH-Anwendungen genutzt werden und möglicherweise zu entscheidenden Verbesserungen beitragen.

Dies ist besonders von Interesse, wenn man beachtet, daß in den Unternehmen die Notwendigkeit besteht, alle relevanten Informationen in MSS einzubeziehen. Dies erfordert eine Integration (Darstellung und Kombination) von strukturierten und unstrukturierten Daten.[283]

Die strukturierten oder auch formatierten Daten sind in Form von Datensätzen in Datenbanken nutzbar. Dabei besitzen sie feste Feldeinteilungen und sind über Ordnungsbegriffe (Nummern etc.) identifizierbar.[284] Damit sind diese Daten auch Hauptgegenstand des DWH. Diese strukturierten Daten sind über vielfältige Tools auch bisher schon verfügbar.

Wenn man aber die Umfrage der Forrester Group (1997) beachtet, wird deutlich, daß auch unstrukturierte Daten, d.h. Daten ohne vorgeschriebene feste Struktur (z.B. Dokumente, Gesetzestexte etc.), unbedingt zu beachten sind, da sie ein zusätzliches Informationspoten-

---

[281] Übersetzung von: „... .more natural, continuouse and implicide communikation that will use all senses and modalities of expression available to us ...“, aus: Ziegler, J., Interactivity, 1996, S. 187.

[282] Vgl. Ziegler, J., Interactivity, 1996, S. 185 ff.

[283] Vgl. Tanler, R., DWH on Intranet, 1996, S. S34 ff.

[284] Vgl. Stahlknecht, P., Wirtschaftsinformatik, 1995, S. 165.

tial darstellen. Diese Umfrage zeigt, daß 80% der Informationen im Unternehmen in Dokumenten unstrukturiert vorliegen.[285]

Damit kann eine Synergie bei der Kombination von DWH und Intranet daraus abgeleitet werden, daß das Intranet sowohl strukturierte als auch unstrukturierte Daten unterstützen kann. Dadurch ergibt sich die Möglichkeit, DWH-Daten durch unstrukturierte Informationen zu ergänzen. Somit sind gegebenenfalls neue oder genauere Informationen darstellbar, die die MSS und damit die Entscheidungen im Unternehmen maßgeblich verbessern können. So können beispielsweise zur Beurteilung der Marktlage Marktanteilsentwicklungen aus dem DWH abgeleitet und diese zusätzlich durch die Präsentation von Presseberichten etc. untermauert werden (siehe Abbildung 22, Abbildung 31 und Abbildung 33 im Anhang).

Aus der Sichtweise der Interaktivität ergab sich die Notwendigkeit, Kommunikation in für den Menschen adäquater Form zu führen. Dies bedeutet, daß multimediale (visuelle, grafische und akustische) Kommunikationsmittel eingesetzt werden sollten. Damit ist die Aussage zu erklären: „Was die Nutzer wollen, ist der Zugriff zu multimedialen und aber auch strukturierten Daten und dies alles durch ein gemeinsames Betrachter-Interface."[286] Dieses Interface kann das Intranet durch seine Fähigkeit der Verwendung multimedialer Elemente darstellen. Dadurch wird es möglich, Ergebnisse der Nutzung des DWH, die bisher meist nur als Zahlenmaterial zur Verfügung standen, durch geeignete Hilfsmittel (z.B. Plug-Ins) in grafischer Form zu präsentieren oder durch Bild- und Videoinformationen zu ergänzen (siehe Abbildung 28 im Anhang). Dies erweitert die Möglichkeiten des DWH unter Nutzung der Eigenschaften des Intranets und stellt somit eine Synergie aus strategischer Sicht dar.

Eine weitere Synergie ergibt sich durch die Hypermediafähigkeit des Intranets durch seine Hypertextstruktur (HTML). Hypermedia ist als „... das semantische Verknüpfen bzw. das maschinengestützte Verfolgen von Verweisen zwischen Informationseinheiten ..."[287] definiert. Dies bedeutet, daß Informationen als Knoten beschrieben werden können, die über Kanten miteinander verbunden sind. Damit ergibt sich ein semantisches Netz, daß Infor-

---

[285] Umfrage: Raising The Corporate IQ, released by Forrester Research Inc, Forrester Group, 1997), in: o. A., Data Base Searching, 1996, S. E3.

[286] Übersetzung von: „What users want is access to both multimedia and structured data, all through the same browser interface." (Donald DePalma, senior analyst and author der Forrester Research Inc.) Aus: o. A., Data Base Searching, 1996, S. E3.

[287] Nüttgens, M., Scheer, A.-W., Hypermedia, 1993, S. 58.

mationen untereinander in Beziehung setzt und damit zusätzliche Informationen durch die Darstellung dieser Verbindungen enthält.[288]

Diese Struktur wird im Intranet durch die HTML-Verweise (Links) auf andere Seiten oder Elemente erzeugt. Diese Eigenschaft kann durch die Koppelung von Intranet und DWH auch bei der Nutzung des DWH erreicht werden. Dies ist besonders wichtig, da sich MSS nicht nur auf einfache Datenbereitstellung über Reports beschränken dürfen, sondern auch analytische Unterstützung geben sollen.

Bisher wird in der Praxis dabei eher unsystematisch vorgegangen und viele Möglichkeiten der Entscheidungsunterstützung sind nicht realisiert. Dies ist auf die fehlenden Verfahrenskenntnisse der Nutzer und auf die oft umständliche Handhabung zurückzuführen. So ergeben sich schon beim einfachen Abruf vorprogrammierter Reports in der Praxis Probleme.

Deshalb muß die MSS-Benutzung in Zukunft dadurch kennzeichnet sein, daß bei der Analyse eine aktive Unterstützung erfolgt. Zusätzlich ist es bei den MSS aber auch notwendig, daß individuelle und flexible Arbeitsumgebungen für die Nutzer geschaffen werden können.[289]

Hierzu kann die Hypermedia-Darstellung des Intranets benutzt werden. Beispielsweise können durch die Darstellung im Intranet vordefinierte Reports und Analysen aus dem DWH verfügbar gemacht werden (siehe Abbildung 26 im Anhang). Dazu sind diese nur durch Verweise in HTML-Seiten zu integrieren. Auf diese Weise kann durch die Aktivierung von Schlüsselwörter (Knoten) mit hinterlegten Beschreibungen die Generierung von Reports oder von Analysen durch das DWH ausgelöst werden.

Neben diesen vordefinierten und damit starren Analyseunterstützungen kann auch eine umfassende individuelle Arbeit mit dem DWH durch das Intranet erreicht werden. Bisher war mit einer einfachen Datenpräsentation nur die Darstellung der Daten und damit deren Informationsgehalt möglich. Durch die Hypermedia-Darstellung des Intranets können diesen Daten aus dem DWH zusätzlich Informationen über Verweise zu verwandten Informationen, Detailinformationen etc. hinterlegt werden. Somit kann das DWH als eine Menge von Knoten, die miteinander über Kanten in Verbindung stehen, dargestellt werden. Dadurch wird es beispielsweise möglich, bei Analysen von Marktdaten zuerst einen Überblick über vorhandene Produkte zu geben. Dabei müssen nicht alle Informationen dargestellt werden, da dies meist sehr unübersichtlich ist. Der Nutzer kann selbständig und individuell

[288] Vgl. Nüttgens, M., Scheer, A.-W., Hypermedia, 1993, S. 59 ff.
[289] Vgl. Nüttgens, M., Scheer, A.-W., Hypermedia, 1993, S. 64.

den Informationsumfang bestimmen. Für ihn wichtige Informationen kann er einfach durch Anklicken erreichen, indem automatisch die Verbindungen (Kanten) innerhalb des DWH nachvollzogen werden. So kann beispielsweise ein Produkt näher dargestellt werden, indem einfach sein Name angeklickt wird. Dadurch wird diese Kante (Link) aktiviert und die verbundenen Informationen verfügbar. Damit kann der Nutzer sehr flexibel im DWH navigieren und nach seinen Interessen Informationen auswählen und zusammenstellen, wie in Abbildung 22 im Anhang dargestellt.

Dies zeigt, daß durch die Kombination von DWH und Intranet ein benutzerzentriertes Informationssystem aufgebaut werden kann. Dieses bietet sowohl Elemente einer vordefinierten Struktur der Bedienung, aber auch individuell durch den Benutzer flexibel einsetzbare Möglichkeiten (siehe dazu Abbildung 24 und Abbildung 27 im Anhang). Damit werden zwei Nutzungskategorien ermöglicht:

1. Passiv: Ausführung vorbereiteter Reports und Analysen, die in einer einfach zu bedienenden und leicht zu verstehenden Form präsentiert werden

2. Aktiv: Nutzung des DWH zum Untersuchen und Nachforschen durch den Benutzer mit vielfältigen Verweisen und Verzweigungen[290]

5.2.2.3 Zielgerichtete Unterstützung bei hoher Reich- und Spannweite

Neben den bisher beschriebenen Synergien, die vorwiegend aus der Art der Datenbereitstellung resultierten, sind weitere aus der Möglichkeit der Erreichung einer höchstmögliche Reich- und Spannweite der Unterstützung durch MSS auf Grundlage einer Kombination der Technologien abzuleiten.[291] Ausschlaggebend dafür sind die schon beschriebenen Eigenschaften des Intranets. Diese erlauben es, das Intranet als eine Arbeitsgrundlage für alle Mitarbeiter zu verstehen, die einfach nutz- und verwaltbar ist, durch die WWW-Server kontrollierbar ist und einen flexiblen Zugriff auch für entfernte Benutzer bietet.[292]

Damit besitzt es „... das Potential, um den Traum vom verteilten Computing wahr werden zu lassen ...“[293]. Ziel des Managementsupports ist die umfassende Unterstützung aller Personen, die an Entscheidungsprozessen im Unternehmen beteiligt sind.[294] Bisher war dies

---

[290] Vgl. o. A., The net worth of data, 1996, S. 53 f.

[291] Vgl. Keen, P.G.W., Informationstechnologie, 1992, S. 243 ff.

[292] Vgl. Mayor, T., Intranet-DWH-Project, 1997, S. 29 f.

[293] Übersetzung von: „... has the potential to make the dream of distributed computing come true ...“ (Adam Thier, an analyst at Meta Group Inc., in Stamford) (hier Web synonym zu Intranet verwendbar), aus: Perez, J.C., Products for MSS over the Intranet, 1996, S. 33.

[294] Vgl. o. A., The net worth of data, 1996, S. 53 f.

speziell bei DWH-Anwendungen nur für Schlüsselpersonen möglich. Trotzdem waren teilweise sehr hohen DWH-Kosten (20000-5 Mio. Pfund) zu verzeichnen.[295] Deshalb wurden diese Lösungsansätze meist nur von einer Minderheit angenommen und nicht sehr verbreitet im Unternehmen eingesetzt.

Dies kann und wird sich auf der Basis des Intranets ändern, da durch die Nutzung von Browsern ein breiter und umfassender Zugang zum DWH und damit zu MSS ermöglicht wird.[296] Dadurch kann die Unterstützung für das Management, für Entscheidungen geographisch verstreuter Mitarbeiter, für Anbieter und sogar für Kunden realisiert werden.[297]

Somit ist es mit dem Einsatz von Intranet und DWH möglich, der zunehmenden Verteilung des Environments und der Verantwortung im Unternehmen zu entsprechen.

Diese beschriebenen Aspekte zeigen: **Intranets ebnen den Weg für den flächendeckenden DWH-Einsatz.**[298]

Ein weiterer Vorteil einer Kombination ergibt sich aus der zielgerichteten Kommunikation mit dem Nutzer, die durch das Intranet ermöglicht wird. Dies wird im Folgenden beschrieben.

Durch das Internet zeigen sich die Nachteile einer zu großen Informationsflut. Diese sind auch in den Unternehmen festzustellen, z.B. beim Einsatz von E-Mail. Als Beispiel für meist undurchdringliche Informationsbestände kann eine Firma angeführt werden, die 83 unterschiedliche Zeitschriften zur Information der Mitarbeiter herausgegeben hat. Nachdem die tatsächlich relevanten Kommunikationsformen genauer berücksichtigt wurden, konnte diese Anzahl auf 10 Zeitschriften gesenkt werden. Dies führte zu Einsparungen von jährlich 1,5 Mio. Dollar.[299] Diese Flut von meist redundanten oder für die Zielperson nicht signifikanten Informationen kann durch die Nutzung der Kombination von DWH und Intranet reduziert werden. Dies resultiert aus dem Umstand, daß es nicht mehr nötig ist, Informationen oder Analysen auf alle Zielpersonen zu verteilen (über E-Mails, Aushänge, etc.), da jeder selbständig die für ihn interessanten Informationen aus dem DWH abfragen kann.[300] Damit kann der Nutzer auch den Umfang der Informationen über einfaches Navigieren im Intranet über die beschriebene Hypertextstruktur selbst bestimmen.[301] Zusätzlich

---

[295] Nach einer Studie von IDC; Vgl. o. A., The net worth of data, 1996, S. 53 f.
[296] Vgl. o. A., Intranet-Nutzen, 1996, S. 9 f.
[297] Vgl. Marshall, M., DWH-Worries, 1996, S. 16 f.
[298] Vgl. Kyas, O., Schlüsselapplikationen für Intranet, 1997, S. 56 ff.
[299] Vgl. Rupp, D., Evaluation of Intranet, 1996, S. 16 f.
[300] Vgl. Bird, J., Switching on to intranets, 1996, S. 78 ff.
[301] Vgl. Bird, J., Switching on to intranets, 1996, S. 78 ff.

bietet sich die Möglichkeit, jederzeit aktuelle Informationen für alle Mitarbeiter verfügbar zu halten, so daß Abstimmungsprobleme bei verschiedenen Datenaktualitäten verringert werden können.[302]

Zusätzliche ergibt sich für den Nutzer die Möglichkeit, Agenten, d.h. kleine Programme, die unabhängig im Intranet (oder auch Internet) agieren, um bestimmte Anforderungen des Initiators zu erfüllen, auszuführen.[303] Damit kann der Nutzer einerseits Überwachungs- und Kontrollfunktionen über bestimmten Informationen und Zuständen automatisch ausführen und sich über ein Alarmsystem informieren lassen (siehe Abbildung 23 im Anhang). Auf der anderen Seite können diese Agenten auch direkt der Informationsbereitstellung dienen, indem sie z.B. zur Sammlung von Hintergrundinformationen über das Internet eingesetzt werden. Dies zeigt, daß Agenten für vielfältige Unterstützungsaufgaben eingesetzt werden können und einen „... innovativen Ansatz beispielsweise zur Behandlung von Routineaufgaben ..."[304] in Zukunft darstellen, um die Flut von Informationen beherrschen zu können. Im Umfang dieser Arbeit kann auf dieses Thema aber leider nicht weiter eingegangen werden,[305] da im folgenden weitere Synergien darzustellen sind.

5.2.2.4 Verbesserung der Kooperation und Kommunikation

Aus den schon geschilderten einfachen Zugangsmöglichkeiten zum Intranet ergibt sich die Chance, das DWH und die Kommunikation über das Intranet bei verschieden kooperativen Prozessen, wie z.B. bei der Teamarbeit, zu nutzen.

Dabei kann, neben der einfachen Nutzung des DWH für jedes Teammitglied, zusätzlich eine Verbesserung der Zusammenarbeit realisiert werden. Dies ergibt sich aus der Möglichkeit, das Teammitglieder auf Analyse und Ergebnisse anderer aufbauen, diese erweitern oder gemeinsam diskutieren können. Die Grundlage dafür bildet die Nutzung des DWH, da damit für alle zugängliche Datenbestände bereitgestellt werden und diese von allen Mitarbeitern genutzt werden können. Dadurch muß nicht mehr, wie bisher meist üblich, mit autonomen (nur auf einem/wenigen Mitarbeiter-PC) und damit nur begrenzt verfügbaren Daten gearbeitet werden. Dies ermöglicht eine Informationsteilung bei der Entscheidungsfindung (siehe Abbildung 26 im Anhang).[306]

[302] Vgl. Bird, J., Switching on to intranets, 1996, S. 78 ff.
[303] Vgl. Betts, B., Usage of Intranet, 1996, S. 38 f.
[304] Römer, M. et al., Agenten, 1996, S. 156.
[305] Siehe weiterführend: Römer, M. et al., Agenten, 1996, S. 156 ff.
[306] Vgl. Tanler, R., DWH on Intranet, 1996, S. S34 ff.

Dabei sollte aber nicht der Fehler gemacht werden, jegliche Kommunikation zu verändern, da insbesondere die Face-to-Face Kommunikation für die Personalführung von großer Bedeutung ist.[307]

Die beschriebene Zusammenarbeit muß nicht auf das Unternehmen beschränkt sein. Aufgrund des leichten Übergangs vom Intranet ins Internet ist es möglich, auch externe Partner und sogar Kunden einzubeziehen.[308] Dies ist mit bestehenden, herkömmlichen Technologien meist nur sehr schwierig und mit zusätzlichem Aufwand möglich. Mit der Basis Intranet ist diese Ausdehnung und damit eine Verstärkung der Beziehung zu den Partnern und Kunden leicht zu realisieren.[309] Dabei ist aber zu beachten, daß mit einer Öffnung des Unternehmens möglicherweise Sicherheitsprobleme, der Verlust der Autonomie und die erhöhte Transparenz des Unternehmens verbunden sein können.

---

[307] Vgl. Rupp, D., Evaluation of Intranet, 1996, S. 16 f.
[308] Vgl. Raden, N., Warehoues and the Web, 1996, S. 80 ff.
[309] Vgl. Mayor, T., Intranet-DWH-Project, 1997, S. 29 f.

5.2.2.5 Schaffung einer gemeinsamen Kommunikationsplattform

Wie schon im Abschnitt zum Data-Warehouse beschrieben, besteht ein Hauptproblem bei dessen Einrichtung und Betrieb im Umgang mit den Daten. Dies resultiert vorwiegend aus der Tatsache, daß häufig verschiedene Datenhaltungen und unterschiedliche Systemplattformen im Unternehmen anzutreffen sind. Dadurch kann meist keine effektive Kommunikation der Teilsysteme innerhalb des IKS erfolgen. Dies ist ursächlich auf verschiedene, unterschiedliche und häufig inkompatible Plattformen zurückzuführen, deren Verbreitung in Abbildung 18 dargestellt ist.

Server-Umgebung	Prozentsatz (Jetzt)
HP	33
Sun	24
Digital	16
Compaq	16
IBM MVS	16
IBM AS 400	10
IBM SMP	8
IBM SP2	4
Sequent	7
Teradata	6
Sonstige	6

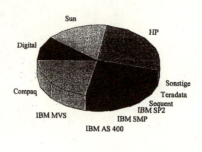

Abbildung 18: DV-Serverumgebungen nach Meta Group (1996 DWH Survey)
(Quelle: In Anlehnung an: Bloch, F., DWH-Optimierung, 1996, Ohne Numerierung)

Durch die damit hervorgerufenen Inkompatibilitäten wird der Aufbau eines DWH entscheidend erschwert, da vielfältige und meist sehr aufwendige Schnittstellenimplementierungen erfolgen müssen. Eine Lösung dieses Problems und die Vereinfachung der Kommunikation der IKS-Elemente kann die Nutzung des Intranets darstellen. Dieses Intranet bildet mit seinem standardisierten Aufbau die Kommunikationsplattform aller Systeme. Dazu ist eine zweistufige Datenbereitstellung zu realisieren. Folglich muß jedes System mit einer Schnittstelle ausgerüstet sein, die das HTML-Format unterstützen kann. Durch den beschriebenen Entwicklungsdruck des Intranets/Internets kann angenommen werden, daß diese Schnittstellen für alle Systeme zur Verfügung stehen werden. Dies bedeutet, daß jedes System über diese Schnittstelle (Übersetzer-Gateway) mit anderen Systemen kommunizieren kann.[310] Damit sind „... Intranets als ideale Plattform, da Aufgrund der homogenen Datenformat- und Transportstrukturen kaum Kompatibilitätsprobleme auftreten ..."[311], einzustufen.

Dadurch kann das Intranet die Grundlage für die Integration der Daten im DWH bilden. Somit ist eine Hauptanwendung des Intranets in der Bereitstellung einer „Datenpumpe" für das DWH zu sehen. Dies bedeutet, daß durch die Intranet-Verwendung die Daten aus verschiedenen Systemen einfach für das DWH verfügbar und damit verwendbar sind.[312]

Neben diesen internen Anwendungen ergibt sich auf der Basis des Intranets die Möglichkeit, auch externe Daten über diese gemeinsame Kommunikationsplattform für das Unternehmen zu nutzen. Damit können diese Daten speziell in das DWH einbezogen und somit zur Generierung neuer Informationen eingesetzt werden. Dieser Aspekt erlangt zunehmend eine immer größere Bedeutung, da z.B. im Internet schon eine Vielzahl von wichtigen Informationen verfügbar sind, die bisher nicht im Unternehmen nutzbar waren. Ein Beispiel für die umfassende Kombination von Daten bietet das SAS-Tool InfoTap, das es ermöglicht, Daten aus 70 unterschiedlichen Quellen zu sammeln und mit internen Daten zu kombinieren.[313]

Zusätzlich ist durch die beschriebene offenen Kommunikation eine vollkommen neue Wirkungsdimension des DWH festzustellen. Diese kann im Zusammenschluß von DWH unterschiedlicher Unternehmen, im Verkauf des DWH-Zugriffs und in der Bereitstellung von Informationen aus dem DWH bestehen.[314]

5.2.2.6 Entwicklungs- und Erweiterungsfähigkeit der Anwendungssysteme

Neben den oben dargestellten Aspekten sind bei strategischer Betrachtungen besonders die unmittelbaren Wirkungen einer Entscheidung zum kombinierten Einsatz von DWH und Intranet-Technologie auf das gesamte IKS zu betrachten.

Dabei sind folgende Fragen zu beachten: Welche Wirkungen werden bei den gesamten Anwendungssystemen im Unternehmen auftreten, und wie kann ein höchstmöglicher Investitionsschutz realisiert werden?

---

[310] Vgl. Saleck, T., Client/Server und Intranet, 1997, S. 24.
[311] Kyas, O., Schlüsselapplikationen für Intranet, 1997, S. 58.
[312] Vgl. Kyas, O., Schlüsselapplikationen für Intranet, 1997, S. 56 ff.
[313] Vgl. Lawton, G., DWH-Applications, 1996, S. 18ff.
[314] Vgl. Lawton, G., DWH-Applications, 1996, S. 18ff.

Dieser Investitionsschutz ist besonders in der IV von immer stärkerem Interesse, da durch schnelle Produktlebenszyklen und Technologieveränderungen bisher ständige Neuinvestitionen für neue Systeme erforderlich waren. Getätigte Investitionen in ältere Systeme waren durch deren Ablösung meist verloren.

Das Intranet stellt nun eine Möglichkeit dar, einen sinnvollen Investitionsschutz zu betreiben, wie z.B. die Firmen JAGUAR in Großbritannien[315] und Siemens-Nixdorf in Deutschland[316] feststellen. Durch das Intranet kann das gesamte Unternehmen auf einen Standard aufsetzen, ohne das Verbindungsschwierigkeiten auftreten. Dadurch können die bisher sehr hohen Investitionen zum Verbinden einzelner Systeme entscheidend verringert werden.

Zusätzlich können auch „alte Programme" über die schon beschriebenen Web-Server weiterhin betrieben werden. Dies bedeutet:

- Nutzung und Kooperation der existierenden Systeme
- Wiederverwendung alter Programme
- inkrementelle Entwicklung und Weiterentwicklung der Software
- die anwachsende Schlagkraft des Intranets durch Verbesserung der Computerleistung und Netzwerk-Technologie kann Schrittweise umgesetzt werden[317]

Bestätigt werden diese Möglichkeiten durch die Praxiserfahrung von Siemens-Nixdorf. „Wir fahren Host-Anwendungen über Web-Browser, ohne ein Bit zu ändern."[318]

Die vielfältigen Vorteile des Intranets führen dazu, daß zunehmend dazu übergegangen wird, direkt Applikationen für das Intranet zu entwickeln und einzusetzen. Einfache Aufgaben sind schon mit der grundlegenden HTML-Funktionalität (wie Verweise, Links etc.) realisierbar.[319] Mit der Entwicklung von Java werden nach Aussagen von Fachleuten im Vergleich mit bisherigen Realisierungen gleiche und bessere Anwendungssysteme möglich werden.[320] Deshalb ist eine Umstellung auf Intranets für viele Unternehmen interessant.

Mit einer Migration, als Systemumstellung von einem auf ein anderes Anwendungssystem, sind bisher meist sehr hohe Aufwendungen und Kosten verbunden. Diese können beim Intranet-Einsatz durch die oben schon aufgezeigten Möglichkeiten verringert werden. Ein Konzept dazu stellt das Wrapping dar. Dabei erfolgt eine Kapselung eines bestehenden

---

[315] Siehe: Bird, J., Switching on to intranets, 1996, S. 78 ff.
[316] Siehe: Petrik, C. E., Praxisbeispiel Intranet bei SNI, 1996, S. 58 ff.
[317] Vgl. Bird, J., Switching on to intranets, 1996, S. 78 ff.
[318] Petrik, C. E., Praxisbeispiel Intranet bei SNI, 1996, S. 62.
[319] Vgl. Betts, B., Usage of Intranet, 1996, S. 38 f.
[320] Vgl. Teetz, M., Intranet mit Java, 1996, S. 8 ff.

Anwendungssystems (Altsystem) als ein Objekt, was über spezielle Schnittstellen von neu-en Anwendungen angesprochen werden kann. Damit kann dem verstärkten Einsatz der Objektorientierung bei der Softwareentwicklung und auch der Nachnutzung bestehender Systeme entsprochen werden.[321] Wie sich zeigt, ist die Softwaretechnologie des Wrappings mit einer Schichtenbildung (Layering) verbunden, die auch im Intranet durch die Web-Server schon anzutreffen ist. Deshalb bietet sich diese Technologie auch für eine Umset-zung im Intranet an. Somit muß eine Migration nicht ausschließlich über Neuentwicklun-gen vollzogen werden, sondern kann wesentlich billiger über das Aufsetzen auf alte An-wendungen und durch die Kommunikation über Schnittstellen erfolgen.[322]

Zusätzlich wird eine Migration auf eine Client-Server-Architekur durch die Nutzung von Standard-Web-Browser als Front-End im Intranet wesentlich erleichtert.[323]

Ein weiterer wesentlicher strategischer Aspekt ist die Integration verschiedener Anwen-dungssysteme. Durch die Offenheit und den einheitlichen HTML-Standard ergibt sich die Möglichkeit, auf einer HTML-Seite (Page) verschiedenste Anwendungen zu integrieren. Dabei können beispielsweise die Web-Server bei Anfragen mehrere Anwendungssysteme (z.B. Suchwerkzeuge) ansprechen und deren Ergebnisse in einheitlichem Format auf einer HTML-Seite zusammenfassen und präsentieren (siehe Abbildung 32 im Anhang). Weiter-hin kann auch der Anwender verschiedenste Anwendungssysteme benutzen, wenn Verwei-se (Links) auf unterschiedliche Anwendungen auf einer HTML-Seite vorhanden sind. So ist es möglich, Applikationen zu entwickeln, die verschiede Anwendungen, wie Hilfsda-tenbanken, Tools und E-Mail-Kommunikation etc., integrieren (siehe Abbildung 29 im Anhang).[324]

Neben den oben dargestellten Aspekten ist bei strategischer Betrachtungen verstärkt die Berücksichtigung der langfristigen Wirkungen einer Entscheidung relevant. Deshalb ist zu prüfen, welche Aussichten in der Zukunft für eine Kombination von DWH und Intranet bestehen. Bei bisherigen Anwendungssysteme zeigte sich schnell, daß diese durch ständig neue Trends der Softwareentwicklung, Präsentation und Darstellung von Informationen, wie beispielsweise durch Multimediafähigkeit, neue Grafik- und Textdarstellungsformate,

---

[321] Vgl. Sneed, H. M., Reengineering von Software, 1996, S. 16 f.

[322] Vgl. o. A., Intranets-Eigenschaften, 1996, S.7.

[323] Vgl. Betts, B., Usage of Intranet, 1996, S. 38 f.

[324] Vgl. Lewis, J., Intranetworking, 1996, S. 44 und beispielsweise die verschiedenen Internet-Seiten der Suchmaschinen (Lycos, Yahoo etc.).

sehr schnell veralteten und durch neue Anwendungen, die diese Entwicklungen unterstützen konnten, ersetzt werden mußten.

Demgegenüber basiert das Intranet auf einer sehr offenen Architektur, deren Leistungsfähigkeit speziell durch die Browser geprägt wird. Diese besitzen einen grundlegenden
Funktionsumfang, wie z.B. für die Umsetzung des HTML-Formats. Zusätzlich ist die
Browser-Funktionalität individuell erweiterbar. Dies kann durch die Nutzung von Hilfs-
applikationen und durch sogenannte Plug-Ins erfolgen. Erstere sind Applikationen, die auf
dem Rechnersystem installiert sein müssen und bei Bedarf gestartet werden, um Spezial-
formate (Text- und Grafikformate) umsetzen zu können (siehe Abbildung 25 im Anhang).
Die zweite und sehr häufig genutzte Möglichkeit sind die Plug-Ins. Diese sind „... spezielle
Software-Einschübe ...“[325], die auf der Client-Seite des Intranets, dem Browser, integriert
werden. Diese Erweiterungen erhöhen jeweils die Fähigkeiten des Browsers um eine bestimmte Funktionalität. Dies kann z.B. die Darstellung von Dateien im Winword-, Excel-
oder Acrobat-Format sein. Damit kann der Browser für alle Aufgaben, für die Plug-Ins
vorhanden sind, erweitert werden. Damit ergeben sich durch die Kombination von einfachen, wirksamen HTML-Funktionen und den beschriebenen Erweiterungen neue Nutzungsmöglichkeiten.[326]

Diese Erweiterbarkeit ist ein Beispiel der Vorteile der offenen Architektur der Intra-
nets/Internets.[327] Mit der Entwicklung dieser Softwareeinschübe (Plug-Ins), die meist einfach über das Internet zu beziehen sind, ist auf der einen Seite natürlich ein großer Funktionsumfang der Browser und die Sicherung der Nutzbarkeit des Intranets durch die mögliche Anpassung an zukünftige Anforderungen gegeben.

Demgegenüber sind aber auch Nachteile zu beachten:

- keine einheitliche Darstellung im HTML-Format
- Plug-Ins sind teilweise lizenspflichtig (Kosten)
- Erweiterungen benötigen höhere Hardware-Performance, die die angestrebten Thin Clients (siehe oben) zu Fat Clients verändern können
- höhere Netzwerkbelastung durch umfangreichere Dateien als bei HTML-Format[328]

---

[325] Saleck, T., Client/Server und Intranet, 1997, S. 28.
[326] Vgl. Holdren, J., Integrate Intranets, 1996, S. 17.
[327] Vgl. Holdren, J., Integrate Intranets, 1996, S. 17.
[328] Vgl. Saleck, T., Client/Server und Intranet, 1997, S. 28 ff.

Trotzdem ist festzustellen, daß die Plug-In-Erweiterungen einen entscheidenden Vorteil für das Intranet bieten, indem sie dessen Anwendung auch in Zukunft mit veränderten Anforderungen ermöglichen können.

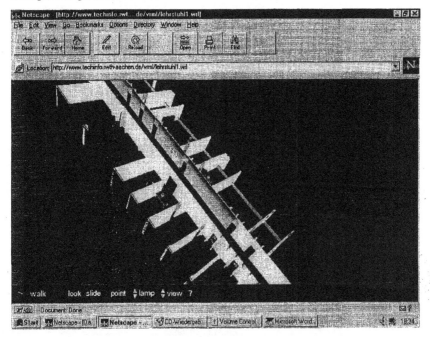

Abbildung 19: Darstellung mit VRML (Beispiel einer virtuellen Welt)
(Quelle: In Anlehnung an: http://www.techinfo.rwth-aachen.de/vrml/lehrstuhl1.wrl; Screenshot von der Darstellung im Netscape-Browser)

Bei strategischer Sichtweise sind zusätzlich neueste und visionäre Entwicklungen in die Betrachtung einzubeziehen. Diese Veränderungen sind besonders auf dem Gebiet der schon beschriebenen Interaktivität zu erwarten. Besondere Wirkungen werden dabei durch den Einsatz multimedialer und virtueller Realitäten erwartet. Erste Ansätze dieser Interaktivität sind durch die Virtual Reality Markup Language (VRML) im Internet zu sehen.[329]

Diese Beschreibungssprache für 3-dimensionale Welten wurde auf der WWW-Konferenz 1994 angeregt und schon 1995 war die erste Version von VRML einsatzfähig. VRML ist konzipiert, um plattformunabhängig künstliche Realitäten mit Hilfe der wichtigsten Multimediatypen aufzubauen.[330] Diese Welten können durch eine Plug-In-Erweiterung auch

---

[329] Siehe zu VRML: http://eaprog2.fh-reutlingen.de/ und http://www.uni-potsdam.de/u/chemie/org_struktur/vrml.htm.
[330] Vgl. Grau, O., VRML-Basis, 1997, S. 74 ff.

direkt in Web-Browsern eingesetzt werden (z.B. VRML-Plug-In Live 3 D für Netscape Navigator). In der neuesten Version VRML 2.0 ist eine sehr umfassende Interaktion der Anwender mit den virtuellen Welten realisierbar, da:

- der jeweilige Betrachtungsstandpunkt wählbar,
- Verbindungen (WWW-Links) zu anderen WWW-Seiten etc. in die Welten integrierbar und auch
- Audio-Informationen je nach Standpunkt des Anwenders einsetzbar sind.[331]

Ein breiter praktischer Einsatz ist heute noch nicht gegeben, läßt sich aber als Entwicklungsrichtung durchaus ableiten, da VRML direkt über das Intranet/Internet und damit umfassend einsetzbar ist.[332]

Als Einsatzschwerpunkt ist dabei besonders auch das DWH zu betrachten, da VRML sehr gut geeignet ist, um eine Visualisierung großer Ergebnismengen, wie sie bei DWH-Nutzungen und Datenbank-Retrieval auftreten können, vorzunehmen.

Mit Hilfe von VRML können aus den meist sehr umfangreichen und schwer überschaubaren Datenmengen dynamische abstrakte Welten, die in der Realität nicht vorhanden sind, gebildet werden. Der Schwerpunkt des Einsatzes dieser Darstellungsform ist somit die Vermittlung von Informationen durch die leichte, intuitive Erfaßbarkeit von Strukturen durch den Menschen. Dazu sind die Daten beispielsweise durch Ähnlichkeitsfindung (Clusterung) zu strukturieren und als Objekte in der abstrakten Welt darzustellen. Durch diese räumliche Darstellung sollen Zusammenhänge und Abhängigkeiten leicht begreifbar werden.[333] Beispielsweise ist es denkbar, das DWH mit seinen Nutzungsmöglichkeiten als abstrakte Abbildung in Anlehnung an die Unternehmensabteilungen darzustellen und eine Navigation als das Bewegen in einem Gebäude umzusetzen. Dadurch wird die Informationsbeschaffung im DWH für die Nutzer in einer Form realisierbar, die große Ähnlichkeit mit einem Gespräch mit anderen Mitarbeitern in anderen Räumen hat. Dieser mögliche Aufbau ist in Abbildung 19 als Raumstruktur skizziert.

Dadurch könnte eine für den Menschen natürliche Interaktionsform realisiert werden, die damit direkt positiv auf die Nutzerakzeptanz des DWH wirken würde. Diese Möglichkeit wird durch eine Kombination von DWH und Intranet eröffnet und stellt somit eine Synergie dar. Problematisch für eine Realisierung sind besonders die höheren technischen An-

---

[331] Vgl. Grau, O., VRML-Basis, 1997, S. 75 ff.
[332] Vgl. Sarna, D., Febish, G., Business Reality of VRML, 1996, S. 30 ff.
[333] Vgl. Palm, H., VRML-Praxis, 1997, S. 84 f.

forderungen (Übertragungsleistungen), die mit dem Einsatz von VRML durch die Übermittlung von komplexen Objekten verbunden sind.[334]

Bei der Synergiebetrachtung aus strategischer Sicht ist weiterhin die abzusehende Entwicklung der grundlegenden Verarbeitungstechnologie der IV in den Unternehmen zu berücksichtigen. Dabei ist gegenwärtig der Trend zur verteilten Verarbeitung in Client/Server-Architekuren feststellbar. Deshalb ist zu untersuchen, wie zukünftige Entwicklungen in Richtung Intranet-Anwendungssysteme in diesem Umfeld zu betrachten sind.[335]

In der Literatur ist die Ansicht vorherrschend, daß das Intranet eine Ausprägung, aber auch eine Weiterentwicklung des C/S-Architektur darstellt.[336] In Zukunft ist deshalb ein zusammenwachsen beider Technologien zu erwarten.[337] Als Weiterentwicklung zu bisherigen C/S-Architekturen werden dabei beim Intranet besonders die Datenbank-Interfaces, die graphischen Präsentationsformen, der Einsatz von Standard-Browsern und besonders die Anwendungsrealisierung mit Java gesehen.[338] Aus diesen Überlegungen kann abgeleitet werden, daß das Intranet/Internet als neue Ausprägungsstufe der C/S-Architektur zu betrachten ist. Somit stellt das Intranet/Internet das vierte C/S-Architektur-Paradigma dar, wie in Tabelle 13 gezeigt wird.

1. Paradigma	File-orientierter, verteilter Datenbankzugriff
2. Paradigma	Verarbeitungsteilung zwischen Client und Server (Datenbankserver)
3. Paradigma	Mehrschichtige Architektur mit Appl.-server und angeschlossenen Datenbankserver
4. Paradigma	Web-Datenbankserver über Web-Browser zu nutzen, Java

Tabelle 13: Client/Server-Architektur-Paradigmen
(Quelle: Eigene Darstellung)

Dieses ist dadurch gekennzeichnet, daß Teile vorhergehender Paradigmen benutzt und auch erweitert werden. Als Erweiterungen bisheriger Paradigmen sind die Nutzung von Standard-Browser zur Darstellung von HTML-Seiten, die Herstellung von Verbindungen zu Anwendungen über eine mittlere Schicht (Web-Server) und die ermöglichte plattformübergreifende Anwendungsrealisation über Java festzustellen.[339] Somit kann eingeschätzt werden, daß auch weiterhin die C/S-Architektur bei Anwendungssystemen eingesetzt werden wird, möglicherweise in der neuen Form der Intranets.

---

[334] Vgl. Sarna, D., Febish, G., Business Reality of VRML, 1996, S. 30 ff.
[335] Vgl. Warren, L., EIS-View, 1996, S. 46 f; Auch als Web-basierte Anwendungssysteme zu bezeichnen.
[336] Vgl. Tanler, R., DWH on Intranet, 1996, S. S34 ff.
[337] Vgl. Holdren, J., Integrate Intranets, 1996, S. 17.
[338] Vgl. Holdren, J., Integrate Intranets, 1996, S. 17.
[339] Vgl. Linthicum, D. S., Intranet-Applications, 1996, S. 114 ff.

Durch die schon beschriebene einfache Integration und Migration bestehender Anwendungssysteme kann das Intranet eine Schlüsselfunktion für die C/S-Architektur darstellen. Dies wird zusätzlich durch den Umstand begünstigt, daß bei der Realisierung von DWH Projekten zu 80% Client-Server-Ansätze verfolgt werden.[340] Damit kann in der Einführung von DWH und Intranet auch eine Triebkraft zum Aufbau von C/S-Architekturen gesehen werden.

Neben diesen eher technisch orientierten Synergiewirkungen existieren noch weitere, die stärker betriebswirtschaftlich geprägt sind. Diese betreffen beispielsweise das Business Prozess Reengineering (BPR), als „... eine Neugestaltung der informatisierten Wirtschaft ..."[341] und die damit verbundene Fokussierung auf die Betrachtung von Prozessen über Abteilungs- oder Funktionsgrenzen hinweg. Im Vordergrund steht die ganzheitliche Betrachtung der Unternehmensaktivitäten.[342] Mit einer Umsetzung dieser Sichtweise sollen neue, verbesserte Entscheidungs- und Ablaufzusammenhänge bei den Prozessen aufgebaut werden. Dies ist mit Veränderung der bestehenden formalen Organisationsstrukturen verbunden. Um ein BPR zu vollziehen, werden meist neue Informationssystem-Architekturen implementiert. Eine Studie zeigt, daß 2/3 aller BPR-Projekte fehlschlugen, weil diese Implementierung der Anwendungssysteme sehr problematisch war.[343]

An dieser Stelle kann eine weiter Synergie des Intranet- und DWH-Einsatzes festgestellt werden. Durch die Prozeßbetrachtung wird deutlich, daß Entscheidungen von verschiedensten Mitarbeiter im Unternehmen zu treffen sind. Um diese Entscheidungen zu ermöglichen, müssen diese Mitarbeiter umfassend dabei unterstützt werden. Dazu bietet das DWH eine wichtige Grundlage durch die Bildung einer integrierten Datenbasis und durch die effiziente Informationsbereitstellung.[344]

Auch das Intranet kann das BPR unterstützen. Bisher sprach gegen BPR-Projekte, daß:

⇒ sie vom Oberen-Management verordnet wurden (dadurch fehlende Akzeptanz bei der Umsetzung),

⇒ eine Umstellung der Mitarbeiter auf die Prozesse nötig war (verbunden mit Mehrbelastungen) und

⇒ mehrere Abteilungen, mit verschiedenen Einkaufsstrategien von Hard- und Software, beteiligt waren.

---

[340] Vgl. Muksch, H., et al., DWH-Konzept, 1996, S. 431.
[341] Österle, H., Reengineering, 1995, S. 13.
[342] Vgl. Krcmar, H., Schwarzer, B., Prozesse, 1994, S. 13 ff.
[343] Vgl. James, G., Intranets Rescue Reengineering, 1996, S. 38 ff.
[344] Vgl. Muksch, H., et al., DWH-Konzept, 1996, S. 430.

Mit dem Einsatz von Intranets ergeben sich die Vorteile:

⇒ höhere Akzeptanz, da das Intranet eine von den Mitarbeitern akzeptierte Entwicklung ist,

⇒ die Verteilung von Informationen und das Teilen von Erfahrungen, Lösungstechniken zum BPR durch die einfach zu benutzende Browser-Technologie ermöglicht wird,

⇒ Probleme mit inkompatiblen Arbeitsplatz-, Netzwerk- und Server-Architekturen behoben werden können.[345]

Dies zeigt, daß das DWH und das Intranet einen praktikablen Weg zur Umsetzung von BPR-Projekten darstellen. Damit besteht eine Synergie aus der Kombination von DWH und Intranet in der Umsetzung des BPR.

5.2.2.7 Probleme und Bedenken aus der Praxis

In den obigen Ausführungen standen meist positive Aspekte der Synergie im Vordergrund. Leider hat aber jede Entwicklung auch Nachteile aufzuweisen.[346] Da sowohl die Intranet-Technologie als auch das DWH-Konzept neueste Entwicklungen darstellen, sind verläßliche und allgemeingültige Praxisaussagen bisher nur sehr schwer zu treffen. Aus diesem Grund treten in der Literatur sehr gegensätzliche Meinungen auf. Dies betrifft besonders die Kostenfrage: „In puncto Wirtschaftlichkeit des Webs scheiden sich nämlich bis dato die Geister.“[347] Deshalb sind bei jeder Überlegung die genauen Rahmen- und Einsatzbedingungen im Unternehmen zu prüfen und zu bewerten.

Andere Bedenken leiten sich direkt aus den Eigenschaften der beiden Technologien ab und wurden deshalb schon in den vorangegangenen Abschnitten skizziert. Das wichtigste Hauptargument gegen eine Synergie ist häufig die mangelnde Sicherheit des Internets/Intranets.[348] Dieses Argument kann aber entkräftet werden, wie die Ausführungen zu Sicherheitsmaßnahmen (Firewalls) bei Intranets zeigen. Zusätzlich kann eine Lösung dieses Problems im Übergang von der 40 Bit Verschlüsselung zur 140 Bit Verschlüsselung gesehen werden, der gegenwärtig nur durch gesetzliche Regelungen der US-Regierung verhindert wird.[349]

---

[345] Vgl. James, G., Intranets Rescue Reengineering, 1996, S. 38 ff.
[346] Siehe dazu auch: o. A., Internet-Integration, 1996, S. 81 f.
[347] Teetz, M., Intranet mit Java, 1996, S. 6.
[348] Vgl. Atre, S., Uneasy fit, 1996, S. 106 und auch Marshall, M., DWH-Worries, 1996, S. 16 f.
[349] Vgl. Marshall, M., DWH-Worries, 1996, S. 16 f.

5.2.3 Synergien aus administrativer Sicht

Nachdem in den vorangegangenen Abschnitten eine strategische Sichtweise im Vordergrund stand, erfolgt nun eine Betrachtung aus administrativer Sicht. Dies bedeutet, daß Synergiebetrachtungen im Mittelpunkt stehen, die speziell bei der Entwicklung und der Einrichtung von Anwendungssystemen im Rahmen der MSS und des DWH festzustellen sind.

An die Entwicklung von Anwendungssystemen werden zunehmend höhere Anforderungen gestellt. Dies betrifft einerseits die Bedienung und den Funktionsumfang der Anwendungssysteme. Auf der anderen Seite ist die unternehmensweite Einsetzbarkeit der Systeme als eine Hauptanforderung umzusetzen.

Daraus erwächst die Notwendigkeit, neue Entwicklungsformen für Anwendungssysteme zu finden, wie die Aussage belegt: „Es ist eine unbedingtes Bedürfnis, Client/Server-Applikationen global zu verteilen, ohne dabei Armeen von Leuten zu beschäftigen ...``[350].

Dies ist der Hauptgrund, der dazu führt, im Intranet die Entwicklungsplattform der Zukunft zu sehen. Bisher war es bei C/S-Lösungen nötig, Applikationen an jede Benutzeroberfläche (Desktop) anzupassen, auf dem sie betrieben werden sollten. Das Intranet ermöglicht es nun, viel einfacher eine Verbreitung der Applikationen durchzuführen. Dies basiert ursächlich auf der Nutzung von Standard-Browsern im Intranet. Damit wird die schon beschriebene Abstraktionsschicht gebildet, die für alle Anwendungen und von allen Nutzern verwendet werden kann. Damit werden plattformübergreifende Anwendungssysteme ermöglicht.

Das bedeutet, es ist für die gesamten potentiellen Nutzer nur eine Applikation zu erstellen und nicht wie bisher üblich, mehrere Programme. Dies war bisher nötig, da spezielle Anpassungen an die verschiedensten Einsatzbedingungen vorgenommen werden mußten (z.B. für UNIX, Windows 3.X, OS/2 etc.). Beim Intranet entfällt dies, da diese Anpassungsarbeiten auf den Browser übertragen werden und bei dessen Entwicklung schon berücksichtigt wurden. Durch diesen Vorteil wird die Aussage gestützt: „ ... einige wenige sagen, daß die wirkliche Triebkraft des Webs seine Nutzung als wirklich offene Anwendungsentwicklungsplattform für weltweite Unternehmen sein wird.``[351]

---

[350] Übersetzung von: „We have that need of deploying client/server applications globally without hiring armies and armies of people ...“ (Charles Faison, a DecisionSuite user and manager of Internet applications for Cargill Inc., in Minneapolis), aus: Phillips, B., Net access to DSS, 1996, S. 14.

[351] Übersetzt von: „... few saw that the real power of the Web would be the truly open application development platform for worlwide corporations.“ Aus: Holdren, J., Integrate Intranets, 1996, S. 17.

Dabei können Entwicklungen für vielfältige Anwendungssysteme auf Basis des Intranets erfolgen. Durch die Architektur des Intranets ist es möglich, viele Anwendungen über Browser zu realisieren. Voraussetzung ist, daß diese ein Web-Gateway bieten.[352] Damit ist eine umfassende Realisierung von Anwendungssystemen über das Intranet gegeben.

Zu beachten ist aber auch, daß mit der Architektur des Intranets eine Veränderung der Anwendungsentwicklung nötig wird, da im Intranet eine serverbasierte Verarbeitungsform vorherrscht.[353] Dies führt dazu, daß beispielsweise bei DWH-Anwendungen Funktionen auf Web- oder DWH-Servern ausgeführt werden. Dies bedeutet, „Applikations-Server und die Middleware sind Schlüsselbestandteilen als Verbindungsglied im Unternehmen von Back-End- und Legacy-Applikationen im Web oder im Intranet ..."[354]. Bisher waren Anwendungen meist für eine Ausführung auf dem Client ausgelegt.[355]

Somit besteht die Anwendungsentwicklung auf der einen Seite aus der Gestaltung der HTML-Seiten. Dies kann beispielsweise sogar durch einfache Konvertierung der bestehenden Daten erfolgen, da HTML-Translatoren vielfach verfügbar sind.

Auf der anderen Seite ist zur Realisierung von komplexeren Funktionen die Programmierung von Server-Scripten (siehe dazu auch CGI) oder Java nötig. Zur Unterstützung der verteilten Verarbeitung über das Netzwerk bedarf es dabei keiner komplexen Programmierung (wie beispielsweise bei Remote Procedure Calls (RPC) etc.) mehr, da das Intranet vielfältige Aufgaben übernimmt und billige Hard- und Software verfügbar ist.[356]

Besonders durch denn Einsatz von Java können sich vielfältige positive Aspekte ergeben. Ein Vorteil ist, daß durch Java die objektorientierte Anwendungsentwicklung in breitem Umfang realisiert werden kann. Dadurch können die Vorteile der Objektorientierung umfassend genutzt werden. Dazu gehören der Aufbau und die breite Verwendung von Klassenbibliotheken, Standardklassen und -elementen, die in verschiedensten Applikationen verwendbar sind.[357]

Die genannten Aspekte führen dazu, daß fortschrittliche Intranet-Anwendungen nur 2-4 Monate zur Entwicklung benötigen, wobei sie den gleichen Grad an Leistungsfähigkeit,

---

[352] Vgl. Raden, N., Warehoues and the Web, 1996, S. 80 ff.

[353] Vgl. Bird, J., Switching on to intranets, 1996, S. 78 ff.

[354] Übersetzung von: „Application servers and middleware are becoming key components as corporations link back-end and legacy applications to the Web or to intranets ..." (a network administrator), aus: Moeller, M., EIS-Environment,1996, S. 36.

[355] Vgl. Atre, S., Uneasy fit, 1996, S. 106.

[356] Vgl. Bird, J., Switching on to intranets, 1996, S. 78 ff.

[357] Vgl. Lewis, J., Intranetworking, 1996, S. 44.

Zuverlässigkeit und Verfügbarkeit[358] wie traditionelle klassische Client/Server-Anwendungsentwicklung erreichen. Diese dauern aber durchschnittlich 6-9 Monate.[359]

Deshalb wollen nur 9% der Unternehmen neue Applikationen im traditionellen C/S-Umfeld realisieren, aber 22% der Unternehmen nutzen und 46% planen oder installieren Intranet-Applikationen (Umfrage auf der DB World 97 der Computer Weekly).[360]

Im direkten Zusammenhang mit DWH bedeutet dies, daß durch eine Entwicklung auf der Intranet-Plattform eine wesentlich flexiblere und schnellere Anwendungsentwicklung möglich wird.[361] Dadurch kann eine Vereinfachung und ein schnellerer Entwicklungserfolg für DWH-Unterstützungen realisiert werden.[362]

Diese Vereinfachung bei der DWH-Anwendungsentwicklung, wie auch bei anderen Applikationen, ist durch die beschriebene Schaffung von universellen Clients (universal Clients) durch die Nutzung von Browsern zu erreichen.[363] Deshalb nehmen mehr als 50% der Unternehmen, die Intranet-Lösungen evaluieren, an, daß Web-Browser das dominierende Desktop-Environment in Zukunft darstellen werden.[364] Leider ist damit aber eine Problem verbunden, daß in der unterschiedlichen Grundfunktionalität der einzelnen Browsern liegt. Verbreitete Browser sind: NCSA Mosaic, Netscape Navigator, Microsoft Internet-Explorer, Cello u.a. Diese stellen jeweils eigenständige Entwicklungen dar, die sich zwar an Standards orientieren, aber leider unterschiedliche Umsetzungen neuester Entwicklungen und auch eigene Erweiterungen aufweisen. Deshalb sind Funktionsunterschiede (beispielsweise bei der Unterstützung von Rahmen (Frames)) bei der Anwendungsentwicklung zu berücksichtigen. Somit ist zu entscheiden, welche Basisfunktionen in der Anwendung zu implementieren sind und welche Browser vom Nutzer verwendet werden (siehe dazu Abbildung 20).

---

[358] Vgl. Moad, J., Intranet-Management, 1996, S.49 f.
[359] Vgl. Comaford, C., Programming Management, 1996, S. 48.
[360] Vgl. Betts, B., Usage of Intranet, 1996, S. 38 f.
[361] Vgl. Betts, B., Usage of Intranet, 1996, S. 38 f.
[362] Vgl. Tanler, R., DWH on Intranet, 1996, S. S34 ff.
[363] Vgl. Betts, B., Usage of Intranet, 1996, S. 38 f.
[364] Vgl. o. A., Intranets in computing life, 1996, S. 54.

Diese Entscheidung betrifft besonders die Java-Unterstützung, die der Browser realisieren kann.[365]

Trotz dieser Probleme sind die Web-Browser, besonders durch ihre Eigenschaft, verschiedenste Anwendungen unterstützen zu können, von großer Bedeutung.

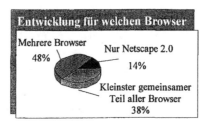

Abbildung 20: Internet-Entwicklungen für bestimmte Browsertypen
(Quelle: Eigene Darstellung, Daten aus: Radosevich, L., Internet-Entwicklungsplattform, 1996, S. 60)

Als besondere Synergie ist festzustellen, daß durch das Intranet und die Browser weitere Dienste, wie E-Mail, Diskussionsforen (News), Filetransfer (FTP) und Telnet, kostenlos zusätzlich möglich werden. Bisher waren für diese Services meist sehr große Anstrengungen und ein hoher Entwicklungsaufwand nötig, der nun verringert werden kann, da diese Dienstleistungen durch das Intranet einfach und umfassend realisierbar sind.[366] Damit stehen diese auch im Rahmen des DWH zur Verfügung.

Zusätzlich zu diesen Vereinfachungen der Anwendungsentwicklungen wird es möglich, diese auch teilweise auf die Nutzer zu übertragen. Diese Verlagerung der Anwendungsentwicklung wird realisierbar, da die Nutzer selbst eigene HTML-Seiten einfach entwikkeln können. Wie schon beschrieben, können in diesen Seiten verschiedenste Applikationen (z.B. als Java-Applets) oder Verweise (Links) eingebunden werden. So kann der Nutzer seine individuellen Bedürfnisse direkt verwirklichen und es bedarf keiner zusätzlichen zentralen Anwendungsentwicklung für diese einfachen Anpassungen des Nutzers. Damit kann dieser eigenständig Multiuser-Anwendungen oder Online-Dokumentationen erstellen, die auf der Intranet-Infrastruktur basieren.[367] Beispielsweise ist somit das selbständige Konstruieren von OLAP- und MSS-Anwendungen möglich.[368] Durch diese Befähigung des Nutzers, selbständig Aufgaben ausführen zu können, kann der Aufwand bei der zentralen Entwicklung um die Hälfte gesenkt werden, wie Praxisbeispiele belegen.[369]

Die genannten Gründe führen dazu, daß durch die Nutzung der Intranet-Technologie für bestehende DWH einfach und schnell Zugangs-/Interfacemöglichkeiten im gesamten Un-

---

[365] Vgl. o. A., The net worth of data, 1996, S. 53 f.
[366] Vgl. Raden, N., Warehoues and the Web, 1996, S. 80 ff.
[367] Vgl. James, G., Intranets Rescue Reengineering, 1996, S. 38 ff.
[368] Vgl. Perez, J.C., Products for MSS over the Intranet, 1996, S. 33 f.
[369] Vgl. Foley, M.J., New DB Technologies, 1996, S. 45 ff.

ternehmen geschaffen werden können, so daß: „Damit jeder an die Arbeit gehen kann
..."[370]

5.2.4 Synergien aus operative Sicht

Die nun folgenden Ausführungen beschäftigen sich, nachdem die Anwendungsentwicklung
betrachtet wurde, mit dem Betrieb und der Nutzung der Informationssystem-Architektur.
Dabei besitzt die Wartung der Anwendungssysteme einen besonderen Stellenwert, da sie
bis zu 70% der Personalkapazitäten in der Systementwicklung benötigen kann. Unter
Wartung soll hier die Anpassung der Anwendungssysteme an veränderte Wünsche des
Nutzers, an veränderte Umfeldbedingungen, die Weiterentwicklung (Verbesserungen) und
die Beseitigung von Fehlern verstanden werden.[371]

Bisher sind diese Aktivitäten mit sehr hohem Aufwand verbunden. Dieser resultierte häufig
aus der Vielzahl von Applikationen, die für die verschiedensten Oberflächen entwickelt
werden müssen, aber eigentlich die gleiche Funktionalität aufweisen. Dies ist besonders
problematisch, wenn Änderungen erforderlich sind. Dann müssen diese Applikationen getrennt verändert und auch neu verteilt werden. Durch diese Änderung von mehreren Pro-
grammen werden diese unabhängig voneinander unterschiedlich verändert und den Nutzer-
ansprüchen angepaßt. Dies führt dazu, daß nach mehreren Änderungen die einzelnen Programme teilweise sehr unterschiedliche Funktionsweisen und -umfänge aufweisen. Dies
verringerte wiederum ihre Integrierbarkeit in das unternehmensweite IKS, da der Nutzer
bei verschiedenen Oberflächen unterschiedliche Funktionalitäten vorfindet.

Demgegenüber sind, wie aus dem vorangegangenen Abschnitt zu schlußfolgern ist, beim
Intranet Änderungen nur z.B. für ein Java-Applet, daß auf allen Oberflächen durch Browser
einsetzbar ist, zu vollziehen. Damit weisen alle Anwendungen die gleichen Eigenschaften
auf und die oben beschriebenen Probleme können vermieden werden.

Problematisch ist bei bisherigen Anwendungssystemen auch die Verteilung der Software.
Speziell bei MSS und DWH ist bisher für jeden Nutzer eine einzelne Installation nötig, die
mit hohem Personalaufwand verbunden ist.[372] Bei der Realisierung einer DWH-Nutzung
über das Intranet muß diese Installation erst bei der Aktivierung der Anwendungssysteme
über den Browser erfolgen. Durch diese Aktivierung wird die Applikation - die Seite oder

---

[370] Levin, C., Skinny Clients, 1996, S. 37.
[371] Wartung als Oberbegriff von Wartung und Pflege; Nach: Stahlknecht, P., Wirtschaftsinformatik, 1995, S.
333 und Definition: Vgl. Stahlknecht, P., Wirtschaftsinformatik, 1995, S. 241.
[372] Vgl. Tanler, R., DWH on Intranet, 1996, S. S34 ff.

des Java-Applets - vom Web-Server geladen (Download). Damit wird bei der Ausführung immer die aktuellste Version der Anwendung benutzt. Somit wird das Problem der durchzuführenden Versionskontrolle entscheidend verringert.[373]

Durch dieses Laden ergibt sich im Systembetrieb die Möglichkeit der Kontrolle und Überwachung der Nutzung der Anwendungssysteme durch eine zentrale Stelle. Durch die damit verbundenen Zentralisierung erhalten die IV-Abteilungen wieder einen verstärkten Einfluß im Unternehmen. Durch die Möglichkeit des Monitorings der Prozesse und der Überwachung der Nutzungsintensität der einzelnen Anwendungssystem können bessere Anwenderunterstützungen realisiert werden, indem beispielsweise auf häufige Fehler direkt reagiert werden kann.[374]

Die Zentralisierung betrifft dabei auch die Datenhaltung und Nutzung innerhalb der MSS, da die DWH-Datenbank als zentraler Ausgangspunkt für die Informationsbereitstellung dient. Damit kann der bisher festgestellten Entwicklung zu vielen, autonomen Datenhaltungen auf den jeweiligen Arbeitsplatzstationen (PC) entgegengewirkt werden. Dies ist nötig, da, wie schon beschrieben, die Pflege, Integration und Aufrechterhaltung des Systembetriebes bei dieser Art der ungesteuerten Verstreuung von Information im Unternehmen nur sehr schwer oder nicht möglich ist. Durch die Nutzung einer Quelle, die das DWH für die MSS bildet, wird es möglich, die erforderlichen Daten für alle potentiellen Nutzer unternehmensweit zu verwalten und zu organisieren. Damit entfällt beim Betrieb der Anwendungssysteme die sonst ständig nötige Überwachung und Integration der autonomen Daten.

An die Datenhaltung im DWH werden, da viele MSS von DWH als Datenbasis abhängig sind, besonders hohe Anforderungen gestellt. So ist besonders eine sehr hohe Verfügbarkeit unbedingt zu gewährleisten. Durch die hohen Datenmengen und Anforderungen an das DWH (siehe Abschnitt DWH) werden diese meist in Großrechnersystemen realisiert.

Diese Aspekte und die mögliche Ausdehnung der Intranet-Netzwerke auf sehr große Reichweiten und damit auf eine große Anzahl von Nutzer zeigen, daß das Betreiben dieser Informationssystem-Architektur eine sehr komplexe Aufgabe werden kann.[375] Demgegenüber ist das Betreiben der Clients durch die Verwendung der Browser-Technologie einfacher.[376] Durch die Verwendung von Standards im Intranet ist zusätzlich die Möglichkeit

---

[373] Vgl. Taninecz, G., Internet and Intranet, 1996, S. 45 ff.
[374] Vgl. Betts, B., Usage of Intranet, 1996, S. 38 f.
[375] Vgl. Flynn, J., Clarke, B., Network-Centric Computing and Java, 1996, S. 43.
[376] Vgl. Betts, B., Usage of Intranet, 1996, S. 38 f.

gegeben, das Internet als Kommunikationsnetzwerk zu benutzen[377] oder ein Outsourcing des Netzwerkes und des Netzwerkbetriebes (z.B. über T-Online) durchzuführen.[378] Dies ist aber, wie schon angedeutet, in der Praxis sehr eingehend zu prüfen.

Eine weitere Aufgabe, die bei der operativen Sichtweise zu beachten ist, ist die Unterstützungen des Anwenders zur Benutzung der MSS. Dies betrifft die Durchführung von Schulungen und den Support bei Probleme der Nutzer. Bisher mußten meist für jeden MSS-Benutzer Schulungen und Supportleistungen durchgeführt werden. Dabei ändern sich die Anforderungen der Benutzer und die Benutzer selbst ständig, da mit einem Wechsel der Arbeitsaufgabe meist auch eine Wechsel der unterstützenden Systeme verbunden war. Dies führte zu hohen Supportbelastungen.[379]

Mit der Verwendung des Intranets werden in diesem Bereich große Verbesserungen erwartet. Dies resultiert besonders aus der Verwendung von Standard-Browsern, mit denen die einfache Bedienung verschiedener Applikationen möglich ist. Damit müssen den Mitarbeitern nur einmal die Grundfunktionsweisen dieser Browser erläutert werden, da sie bei jeder Applikation gleich sind. Diese Funktionsweisen sind aber meist schon aus den Internet-Erfahrungen der Nutzer bekannt. Dadurch kann der Nutzer neue oder geänderte Anwendungen sehr schnell selbständig erlernen und bedienen. Besondere Erläuterungen sind bei den Applikationen nur für die Funktionalitäten und Anwendungsbereiche nötig, die über die Grundfunktionsweisen hinausgehen. Somit kann der Schulungs- und Supportaufwand wesentlich verringert werden. Dies zeigt auch das Beispiel der Benutzung von E-Mail. Nur bei 15% der Firmen, die E-Mail einsetzen, war eine Schulung der Nutzer überhaupt nötig.[380]

5.2.5 Synergien aus Sicht der Nutzer

Da der Einsatz neuer Technologien, zu denen auch die Kombination von DWH und Intranet gehören, entscheidend von der Akzeptanz und Anwendung durch die potentiellen Nutzer abhängig ist, erscheint es sinnvoll, im folgenden Abschnitt die Synergien aus der Sicht der Nutzer verstärkt zu beachten. Dazu wird in den Abbildungen im Anhang anhand von praktischen Beispielen dargestellt, wie Synergien für den Nutzer konkret in MSS umgesetzt werden können.

---

[377] Vgl. Atre, S., Uneasy fit, 1996, S. 106.
[378] Vgl. Raden, N., Warehoues and the Web, 1996, S. 80 ff.
[379] Vgl. Tanler, R., DWH on Intranet, 1996, S. S34.
[380] Vgl. Rupp, D., Evaluation of Intranet, 1996, S. 16 f.

In den bisherigen Betrachtungen wurde meist eine gemeinsame Betrachtung von technolo-gischen und nutzerspezifischen Aspekten angestrebt, um eine übergreifende und nachvoll-ziehbare Darstellung zu gewährleisten. Deshalb sind teilweise schon Nutzeraspekte, beson-ders bei der strategischen Sichtweise, beschrieben worden. Aus diesem Grund sollen im folgenden Abschnitt nur ausgewählte Synergien betrachtet werden.

Aus der Sicht der Nutzer, die durch MSS unterstützt werden sollen, stehen beim Einsatz dieser Unterstützungssysteme nach Praxisangaben hauptsächlich im Mittelpunkt:

- Einfache Bedienbarkeit, möglichst grafisch oder natürlichsprachlich, und

- die Verantwortung für die Systeme sollte bei der zuständigen Fachabteilungen oder dem Nutzer selbst liegen.[381]

Besonders die einfache Bedienung steht im Vordergrund, da: „80% der Nutzer wollen Zu-griff auf die Informationen haben und sie benutzen, ohne eine neue Applikation erlernen zu müssen ...“[382]

Deshalb werden bisher, insbesondere als einfache Zugangstools zu DWH, meist Standard-produkte benutzt. So setzen 73% der DWH-Nutzer MS Access und 65% MS Excel ein (Mehrfachnennungen möglich).[383] Diese Tools besitzen nicht so große Fähigkeiten wie beispielsweise dedizierte DWH-Tools. Diese Standardprodukte können aber verschiedene Aufgaben lösen, sind den Nutzern bekannt und sind billiger als spezialisierte Tools. Mit diesen Produkten können aber viel Möglichkeiten des DWH-Konzeptes nicht erschlossen und auch die Nutzer nicht umfassend unterstützt werden.

Diese Nachteile können durch den Einsatz des Intranets im gesamten Unternehmen ausge-räumt werden. Dies resultiert aus den hohen Reich- und Spannweiten der Applikationen, die durch das Intranet erreichbar sind.[384] Dadurch ist es möglich, daß alle potentiellen Nut-zer auf das DWH zurückgreifen können. Weiterhin kann für die Nutzer eine einfache Be-dienung durch die Verwendung der leicht verständlichen und einheitlich einsetzbaren Browser-Technologie realisiert werden.

---

[381] Vgl. Gfaller, H., Nutzer, 1995, Ohne Nummerierung.

[382] Übersetz von: „Eighty percent of the users just want to get in there and use the information without having to learn a new application ...“ (Jendricks, CIO of StrataCom Inc., in San Jose, Calif.) aus: Phillips, B., OLAP on the Web, 1996, S. 55.

[383] Nach einer Umfrage Umfrage der Digital Equipment Corp. Durchgeführt von Cahners Publishing Co., aus: Lawton, G., DWH-Applications, 1996, S. 18 ff. Ähnliche Meinung auch in: o. A., Kosten für MSS, 1996, S. 7.

[384] Vgl. Gaudin, S., Warehouse Information on the Intranet, 1996, S. 1 f.

Damit ist es möglich, Nutzer umfassend durch Verweise, grafische Darstellungen, Animationen mit Java und in Zukunft möglicherweise auch durch virtuelle Welten (siehe VRML) zu unterstützen (siehe speziell auch Abbildung 21 im Anhang). Zusätzlich ist abzusehen, daß sich die Anwendbarkeit und die Funktionalität von Intranet-Anwendungen durch den breiten Einsatz von Java verbessern werden. Damit wird sich auch die Leistungsfähigkeit des DWH und der MSS erhöhen.[385]

Weiterhin erhält der Nutzer erstmals umfassend die Möglichkeit, selbständig individuelle Arbeitsumgebung gestalten zu können. So kann er über HTML-Tools eigene HTML-Seiten erstellen, die nach seinen Anforderungen Informationen über Verweise darstellen oder verschiedene DWH-Nutzungen und Informationen kombinieren. Dies stellt eine entscheidende Erweiterung bisheriger Anwendungen dar, da der Nutzer die „Macht" und Unabhängigkeit erhält, eigenständig zu arbeiten. Damit ist er nicht mehr unbedingt von zentralen Anwendungsentwicklungen abhängig, da er seine Bedürfnisse teilweise selbst befriedigen kann.

Dieser Synergieaspekt und die schon bestehende breite Nutzung des Internets führen zu einer positiven Akzeptanz des Arbeitsmediums Intranet im Unternehmen. Dadurch kann, bei einer Kombination des Intranets mit dem DWH, auch das DWH auf dieser Akzeptanz aufbauen. Damit ergibt sich für das DWH eine verstärkt Nutzung durch die gestiegene Akzeptanz.

Basis dafür ist die Verwendung von Browsern als standardisierte Betrachter und Ausführungswerkzeuge auf dem Client.[386] Die Vorzüge dieser Browser, wie Plattformunabhängigkeit, einfache Bedienbarkeit und Verfügbarkeit im gesamten Unternehmen, können dazu führen, daß die Unternehmen dazu übergehen werden, DWH-Nutzung über das Intranet zu schaffen.[387] Davon wird auch der Nutzer profitieren, da er die Möglichkeit erhält, zusätzlich:

- strukturierte und unstrukturierte Daten zu verwenden,
- dynamische DWH-Abfragen,
- Navigation in Analyseergebnissen und
- Weiterentwicklungen von Analyse anderer Nutzer durchzuführen.

Eine zusätzliche Möglichkeit für den Nutzer ist die Verwendung von Agenten. Für den Nutzer kann dies bedeuten, daß damit ein neuer Unterstützungsumfang realisiert werden

---

[385] Vgl. Lawton, G., DWH-Applications, 1996, S. 18 ff.
[386] Vgl. Taninecz, G., Internet and Intranet, 1996, S. 45 ff.
[387] Vgl. Lawton, G., DWH-Applications, 1996, S. 18 ff.

kann, da er durch die Agenten vielfältige Arbeiten automatisch ausführen lassen kann. Dadurch wird er von diesen, insbesondere Routineaufgaben (Kontrollen und Überwachungen etc.), entlastet.[388]

Durch die Kombination von DWH und Intranet wird der Nutzer zusätzlich befähigt, eine wesentlich effektivere Zusammenarbeit in Gruppen und Teams durchführen zu können. Dies resultiert einerseits aus der ermöglichen Informationsversorgung aller potentiellen Nutzer durch das DWH. Andererseits stellt die einfachere Kommunikation innerhalb des Unternehmens und darüber hinaus mit Hilfe des Intranet eine Basis für vielfältige Kooperationen dar.[389]

Diese Darstellungen der Synergien verdeutlichen, daß auch der Nutzer nachhaltig von einer Kombination von DWH und Intranet profitieren kann. Damit ist auch in dieser Sichtweise gezeigt, daß vorwiegende positive Synergien bei dieser Kombination zu erwarten sind.

---

[388] Vgl. Tanler, R., DWH on Intranet, 1996, S. S34 ff.
[389] Vgl. Tanler, R., DWH on Intranet, 1996, S. S34 ff.

6   Zusammenfassung und Ausblick

Wie die vorangegangenen Abschnitte zeigen, können aus der Kombination von DWH und Intranet vielfältige Synergien abgeleitet werden.

Damit kann davon ausgegangen werden, daß die einzelnen Technologien und auch deren Kombination entscheidend zur Weiterentwicklung der Informationssystem-Architektur beitragen können. Besonders für die MSS ist dies von herausragender Bedeutung. Wie das Kapitel 2 zeigte, bestehen gerade bei diesen Unterstützungssystemen durch die tiefgreifenden Veränderungen in den Unternehmen sehr große Verbesserungsnotwendigkeiten, da die MSS die Basis für fast alle Unternehmensaktivitäten darstellen werden. Damit ist eine Weiterentwicklung der MSS zwingend notwendig. Dabei steht besonders die Verbesserung der Ausnutzung der Ressource Information und die Realisierung einer hohen Reich- und Spannweite der Unterstützung aller potentiellen Nutzer im Vordergrund. Diesen Anforderungen werden bestehende Lösungsansätze nicht gerecht. Somit müssen diese Aufgaben durch neue Entwicklungen erfüllt werden.

Deshalb wurden in den Kapiteln 3 und 4 die neuesten Entwicklungen, das DWH und das Intranet, skizziert, die Lösungsmöglichkeiten für diese Probleme bieten.

Da eine getrennte Betrachtung von Technologien aber nicht sinnvoll ist, wurde die Kombination der Technologien, aufbauend auf die Erkenntnisse der vorherigen Kapitel, im Kapitel 5 untersucht. So konnte festgestellt werden, daß eine Kombination von DWH und Intranet möglich ist. Dabei fungiert das DWH als umfassender Lieferant und Generator für Informationen und das Intranet als Zugriffs- und Verteilungsmittel.

Diese theoretische Kombinationsmöglichkeit konnte durch die Untersuchung der technischen Realisierungsmöglichkeiten (beispielsweise CGI, Java) bestätigt werden. Zusätzlich wurde durch die Darstellung von Praxisangaben nachgewiesen, daß eine Kombination auch in der Praxis von Bedeutung sein wird. Dies wurde durch den umfangreichen Einsatz beider Technologien und durch das damit verbundene zwangsläufige Aufeinandertreffen der Technologien belegt.

Aufbauend auf diesen Aussagen konnte nachgewiesen werden, daß vielfältige Kombinationswirkungen (Synergien) der Technologien zu identifizieren sind. Dazu wurde eine Strukturierung in verschiedene Sichtweisen vorgenommen. Durch diese strukturierte Analyse der Synergien konnte herausgearbeitet werden, daß eine Vielzahl von relevanten Synergien bei allen Sichtweisen feststellbar ist (siehe Tabelle 12).

Aus strategischer Sicht sind zusammenfassend besonders die Realisierung der vertikalen und horizontalen Integration in den IKS, die verbesserte Interaktivität und Darstellung der Informationen, die erreichbare hohe Reich- und Spannweite, die plattformunabhängige Kommunikationsplattform und die Entwicklungs- und Erweiterungsfähigkeit hervorzuheben.

Aus administrativer Sichtweise können die plattformübergreifende Anwendungssysteme, die offene Entwicklungsplattform, die Objektorientierung mit Java, das Einbinden zusätzlicher Dienste und die flexiblere, schnellere Anwendungsentwicklung als Synergien erkannt werden.

Bei der operativen Betrachtung wurden die vereinfachte Softwarewartung und -verteilung, die Zentralisierungsmöglichkeiten und die Verringerung des Aufwandes zur Nutzerbetreuung als Synergien identifiziert.

Aus Sicht der Nutzer stellen besonders die einfache Bedienung der MSS, die unternehmensweite Nutzbarkeit, die mögliche Anpassung an/durch den Nutzer, die bessere Informationsversorgung, die Entlastung von Routinearbeiten durch Agenten und die effektivere Zusammenarbeit Synergien dar.

Damit konnten sehr bedeutsame, wirkungsvolle und vorwiegende positive Synergien aus der Kombination von DWH und Intranet abgeleitet werden. Deshalb kann geschlußfolgert werden, daß diese Kombination in Zukunft verstärkt durch die Unternehmen zur Ausnutzung dieser Synergien eingesetzt werden wird.[390]

Dabei ist aber zu betonen, daß in dieser Arbeit, auch aufgrund der hohen Aktualität und der starken Entwicklungsdynamik, nicht alle Wechselwirkungen der Technologien betrachtet werden konnten. Bei einer praktischen Realisation sind deshalb jeweils die konkreten Umfeld- und Rahmenbedingungen zu prüfen, da veränderte oder zusätzliche Wechselwirkungen auftreten können. Dabei können die in dieser Arbeit gewonnene Erkenntnisse als Betrachtungsbasis dienen.

Ein Ausblick auf zukünftige Entwicklungen ist nur schwer zu geben, da die bisherigen Ausführungen für viele Unternehmen selbst noch Zukunftsvisionen darstellen. Deshalb sind weitere Praxiserfahrungen abzuwarten, auf deren Grundlage weitere Entwicklungstendenzen abgeleitet werden können.

---

[390] Siehe auch das Beispiel der Firma Ernst & Young; in: Mullich, J., Intranet and the Praxis, 1997, S. 33 f.

Aus Sicht des Autor ist aber eine wesentliche Entwicklung schon heute abzusehen. Diese besteht in einer neuen Form der Informationsdarstellung und -nutzung durch den Aufbau virtueller Welten. Diese wurden schon im Abschnitt zu VRML erläutert. Besonders wichtig ist, daß VRML eine erste umfassend einsetzbare und damit auch bewertbare Realisation einer neuen Interaktivität darstellt. Durch den Einsatz von VRML kann es sich erweisen, ob diese virtuellen Umsetzungen von Informationen und möglicherweise auch von kompletten Anwendungssystemen durch den Nutzer akzeptiert werden.

Anhang

Darstellung der praktischen Gestaltung einer DWH-Anbindung und Nutzung über das Intranet/Internet

Exemplarisch sollen in den folgenden Darstellungen die Möglichkeiten der Kombination eines Data-Warehouses und der Intranet-Technologie skizziert werden. Dazu dienen die Praxisbeispiele der Raleig Candy Online Inc. und Information-Advantage Inc.

Die Bedienung der Anwendungen kann über die Nutzung grafischer Elemente auf HTML-Seiten leicht verständlich gestaltet werden.

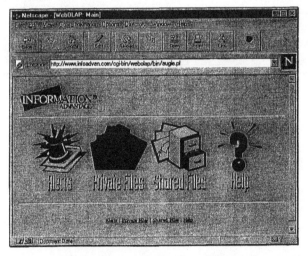

Abbildung 21: Grafische Elemente zur Bedienung
(Quelle: In Anlehnung an: http://infoadvant.com/about.htm (21.05.1997))

Die Gewinnung und Darstellung von Informationen kann über interaktives Vertiefen (Drilling) über Verweise (Links) sehr effektiv und in verschiedensten Anwendungsfällen erfolgen.

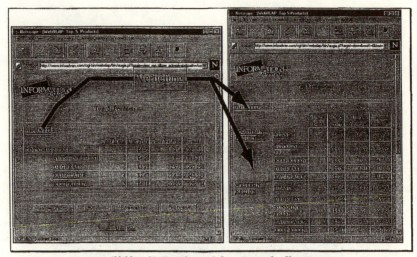

Abbildung 22: Vertiefen von Informationen über Verweise
(Quelle: Eigene Darstellung, Zusammenfassung von: http://infoadvant.com/about.htm (21.05.1997))

Automatische Agenten überwachen kontinuierlich eingestellte Kriterien anhand der Daten aus dem Data-Warehouse. Wird eine Überschreitung dieser Kriterien durch die Agenten festgestellt, werden die entsprechenden Nutzer durch automatische Alarmmeldungen informiert. Mit diesen Meldungen können sofort z.B. Rückmeldungen über E-Mail oder andere Reaktionen verbunden werden.

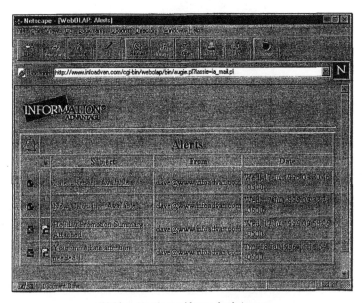

Abbildung 23: Alarmmeldungen durch Agenten
(Quelle: In Anlehnung an: http://infoadvant.com/about.htm (21.05.1997))

Die Reports können selbständig durch den Benutzers an dessen Anforderungen angepaßt werden. Somit kann der Benutzer "on-the-fly" die Schlüsselfelder und das Layout bestimmen. Dazu können die Darstellungsformen und -layouts variiert werden.

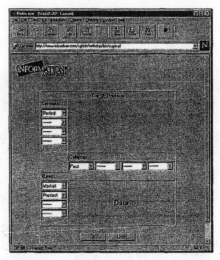

Abbildung 24: Benutzerindividuelle Layouteinstellung von Reports
(Quelle: In Anlehnung an: http://infoadvant.com/about.htm (21.05.1997))

Über Helper-Applications oder durch das Speichern speziell vorformatierter Dateien können die Ergebnisse der Data-Warehouse-Nutzung auch in andere Anwendungsprogramme übernommen werden. Beispielsweise kann das Beispiel aus Abbildung 22 in eine Tabellenkalkulation integriert werden.

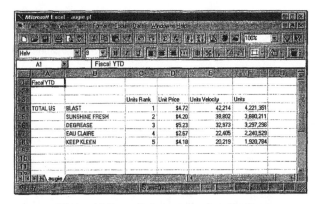

Abbildung 25: Export der Daten aus dem Data-Warehouse
(Quelle: In Anlehnung an: http://infoadvant.com/about.htm (21.05.1997))

Zur DWH-Nutzung können auch vordefinierte Reports verwendet werden, die über eine Auswahlliste aktiviert werden können und damit allen Nutzern zur Verfügung stehen.

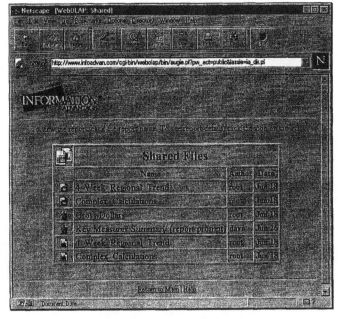

Abbildung 26: Nutzung vorbereiteter Reports
(Quelle: In Anlehnung an: http://infoadvant.com/about.htm (21.05.1997))

Die Benutzung des Data-Warehouses kann auch über die Definition eigener Ad-hoc-Reports erfolgen, die sofort (on-the-fly) durch hinterlegte Umsetzungsroutinen auf dem Web-Server ausgeführt werden können.

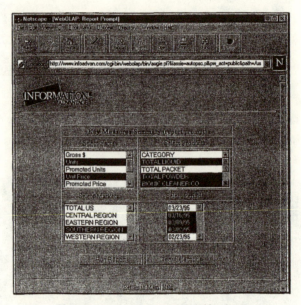

Abbildung 27: Aufbau benutzereigener Ad-hoc-Reports
(Quelle: In Anlehnung an: http://infoadvant.com/about.htm (21.05.1997))

Die Daten aus den Reports können durch die Generierung von Grafiken auch durch diese sehr anschaulich präsentiert werden. Diese Grafiken können dabei auf dem Web-Server als Bilder erzeugt werden und über den Browser beispielsweise über das GIF-Format angezeigt werden. Damit ist aber eine sehr hohe Kapazitätsbelastung durch meist umfangreiche Bilddateien verbunden. Hier können Java-Applets, die die Daten direkt auf der Client-Seite in eine Grafik umsetzen, Abhilfe schaffen.

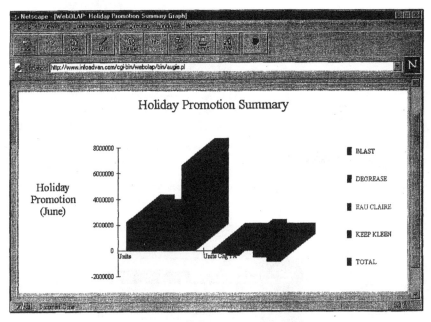

Abbildung 28: Grafische Darstellung
(Quelle: In Anlehnung an: http://infoadvant.com/about.htm (21.05.1997))

Den einzelnen Darstellungen können über Verweise (Links) sehr einfach Hilfestellungen, Beispiele o.ä. hinterlegt werden.

Abbildung 29: Hilfe bei der Data-Warehouse-Nutzung
(Quelle: In Anlehnung an: http://infoadvant.com/about.htm (21.05.1997))

Um die Sicherheit für die Unternehmensdaten gewährleisten zu können, ist eine Zugangskontrolle über Nutzernamen und Paßwörter zu schaffen. Diese Zugangskennung kann zusätzlich zur Bereitstellung der nutzerspezifischen Darstellung (benutzereigene, private Reports) und für die Zuordnung von Alarmmeldungen genutzt werden.

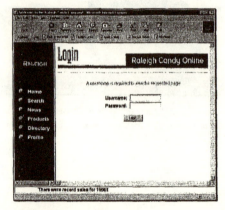

Abbildung 30: Sicherheit bei der Nutzung
(Quelle: In Anlehnung an: http:/www.category-management.com/webolap/ (24.05.1997))

Zusätzlich besteht die Möglichkeit der Kombination der Data-Warehouse-Nutzung und Darstellung anderer Informationen (Zeitschriften, Rundschreiben, Mitarbeiterinformationen)

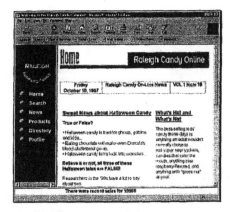

Abbildung 31: Kombination von Informationen
(Quelle: In Anlehnung an: http:/www.category-management.com/webolap/ (24.05.1997))

Weiterhin können umfassender Such- und Auswertungsmöglichkeiten über verschiedenste Informationsquellen realisiert werden.

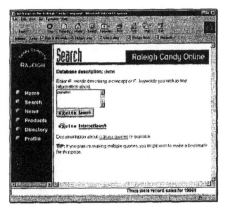

Abbildung 32: Informationssuche
(Quelle: In Anlehnung an: http:/www.category-management.com/webolap/ (24.05.1997))

Besonders wichtig ist auch die Möglichkeit der Nutzung von Bildern zur zusätzlichen Erläuterung und Beschreibung.

Abbildung 33: Ergänzung der Darstellungen durch Bilder
(Quelle: In Anlehnung an: http:/www.category-management.com/webolap/ (24.05.1997))

Literaturverzeichnis

Appleton, E.C. [DWH and OLAP, 1996]: Data Warehouse with an OLAP-view, in: Datamation - The Emerging Technologies Magazin for Today's IS, April 15, 1996, S. 94-98

Appleton, E.C. [Use DWH, 1996]: Use Your Data Warehouse to compete, in: Datamation - The Emerging Technologies Magazin for Today's IS, May 15, 1996, S. 34-38

Armstrong, B. [Intranet-Praxis, 1996]: Catching the intranet express, in: PC Week, V. 13, Nr. 37, Sep 16, 1996, S. 52

Atre, S. [Uneasy fit, 1996]: An uneasy marriage at best, in: InformationWeek, Nr. 581, May 27, 1996, S. 106

Bangemann, M. [Bangemann-Bericht, 1995]: Europas Weg in die Informationsgesellschaft, in: Informatik-Spektrum, 2/95, 1995, S. 1-3

Betancourt, R. [Understanding DWH, 1996]: Data Warehousing: Understanding its Role in an Business Management Architecture, A SAS Institute White Paper, SAS Institute European Office, Heidelberg, 1996

Betts, B. [Usage of Intranet, 1996]: Let's see what it can do, in: Computer Weekly, Jan 16, 1997, S. 38-39

Bird, J. [Switching on to intranets, 1996]: Switching on to intranets, in: Management Today, Dec 1996, 1996, S. 78-81

Bloch, F. [DWH-Optimierung, 1996]: Die Optimierung aller Komponenten für ein Dataware-housing, Ohne Numerierung, in: SVD (Schweizer Vereinig. für DV)(Hrsg.): Tagungsdokumentation: Datawarehousing - Information at your fingertips ? (Ohne durchgehende Numerierung), SVD 8037 Zürich, PF. 373, 21.11.1996, Hotel Zürich, Zürich, 1996

Brehme, W., Schimmelpfeng, K. [Führungsinformationssysteme, 1993]: Führungsinformationssysteme: Geschichtliche Entwicklung, Aufgaben und Leistungsmerkmale, S. 3-28, in: Brehme, W., Schimmelpfeng, K. (Hrsg.): Führungsinformationssysteme - Neue Entwicklungstendenzen im EDV-gestützten Berichtswesen, Wiesbaden, Gabler, 1993

Brenken, D. [Intranet-Aufbau, 1996]: Net at Work, Intranet im preiswerten Eigenbau, c't, Heft 10, Oktober, 1996, S. 302-312

Brügemann-Klein, A., et al. [Informationsgesellschaft, 1995]: Informatik und die Informationsgesellschaft der Zukunft, in: Informatik-Spektrum, 2/95, 1995, S. 25-30

Comaford, C. [DWH-Desicions, 1996]: Net feast: gag me with a data spoon, in: PC Week, V. 18, Nr. 11, March 18, 1996, S. 18

Comaford, C. [Intranet-Construction, 1996]: Turning the clock back to chaos, in: PC Week, V. 13, Nr. 27, July 8, 1996, S. 50

Comaford, C. [Programming Management, 1996]: Soothsaying your intranet's future, in: PC Week, V. 13, Nr. 35, Sep 2, 1996, S. 48

Darling, C.B. [Intergration of the DWH, 1996]: How to intergrate your DWH, in: Datamation - The Emerging Technologies Magazin for Today's IS, May 15, 1996, S.40-51

Diggelmann, A. [Innovative Zugänge zu Daten, 1996]: Konkurenzvorteile dank inovativer Zugänge zu Unternehmensdaten (SAS Institut (Schweiz) AG) (Schreibweise im Original), S.1-29, in: SVD (Schweizer Vereinig. für DV)(Hrsg.): Tagungsdokumentation: Datawarehousing - Information at your fingertips ? (Ohne durchgehende Numerierung), SVD 8037 Zürich, PF. 373, 21.11.1996, Hotel Zürich, Zürich, 1996

Dorn, B. [Managementunterstützungssysteme, 1994]: Managementsysteme: Von der Information zur Unterstützung, S. 11-19, in: Dorn, B. (Hrsg): Das informierte Management, Berlin, Springer, 1994

Fisher, D. [DWH-Technologie, 1996]: Das transparente Data Warehouse, in: IBM Businesspower, Ausgabe 1, 1996, S. 20-25

Flade-Ruf, U., [Entwicklungstendenzen bei FIS, 1994]: Quo Vadis FIS ?, S. 145-157, in: Klotz, M., Herrmann, W. (Hrsg): Führungsinformationssysteme im Unternehmen, Berlin, Erich-Schmidt, 1994, in: Krallmann, H.(Hrsg.): Betriebliche Informations- und Kommunikationssysteme, Band 18, Berlin, Erich-Schmidt, 1994

Flynn, J., Clarke, B. [ActiveX unmasked, 1997]: ActiveX unmasked, in: Datamation - The Emerging Technologies Magazin for Today's IS, Nr. 1, Jan, 1997, S. 135-144

Flynn, J., Clarke, B. [Network-Centric Computing and Java, 1996]: How Java Makes Network-Centric Computing REAL, Datamation - The Emerging Technologies Magazin for Today's IS, March 1, 1996, S. 42-43

Foley, M.J. [New DB Technologies, 1996]: New Database Technologies, in: Datamation - The Emerging Technologies Magazin for Today's IS, V 42, Nr. 15, Sep., 1996, S. 44-50

Gaudin, S. [Warehouse Information on the Intranet, 1996]: Dawn of net device era?, in: Computerworld, V.30, Nr. 34, August 19, 1996, S. 1-2

Gerber, C. [Data Mining, 1996]: Excarate Your Data, in: Datamation - The Emerging Technologies Magazin for Today's IS, May 1, 1996, S. 40-44

Gernet, E. [Informationswesen, 1987]: Das Informationswesen in der Unternehmung: Aufbau, Ablauf- u. Projektorganisation, 1. Aufl., München, Hanser, 1987

Gerstner, L. [Situationsbeschreibung, 1995]: Geschäftsergebnisse der IBM Deutschland, in: Report 3/95, Mitarbeiterzeitschrift der IBM Deutschland GmbH, Mai, 3/95, 1995, S. 22-28

Gibson, S. [Outsource Data Mining via Internet, 1996]: IBM plans to outsource data mining via Internet, in: PC Week, V. 13, Nr. 33, August 19, 1996, S. 6

Gluchowski, P. [DWH-Schlagwort, 1997]: Data Warehouse, in: Informatik-Spektrum, Band 20, Heft 1, Feb, 1997, S. 48-49

Goldammer, G. [HTML und Java, 1996]: HTML Script ruft Java-Applet..., in: Information Manangement, Nr. 3, 1996, S. 6-14

Grau, O. [VRML-Basis, 1997]: Ausgefeilte neue Features in VRML 2.0, in: iX - Magazin für professionelle Informationstechnik, Nr. 5, 1997, S. 74-79

Greenfield, L. [DWH-Success, 1996]: Don't let Data Warehousing Gotchas Getcha, in: Datamation - The Emerging Technologies Magazin for Today's IS, March 1, 1996, S. 76-77

Grimm, C. [DWH on MPP, 1996]: Build your warehouse on MPP, in: Datamation - The Emerging Technologies Magazin for Today's IS, Dez, 1996, S. 102-104

Grochow, J. M. [Intranet-Use, 1996]: Something a little extra for intranets, in: PC Week, V13, Nr. 51, Dec 23, 1996, S. E8

Gruber, P., Hill, J. [Intranet-Praxisumfrage, 1996]: Offene Standards locken IT-Manager ins Intranet, in: COMPUTERWOCHE, Nr. 42, 18. Oktober 1996, 1996, S. 9-10

Hasek, G. [Intranets revolutionizing communikation, 1996]: Data's new dimension: intranets are revolutionizing the way companies communicate within their own organizations, in: Industry Week, V. 245, Nr. 23, Dec 16, 1996, S. 65-69

Heimann, H.-W. [Gobalität durch DWH, 1996]: Globales Informationsmanagement dank Data Warehouse und C/S-Middleware, in: Datenbank Fokus, Nr. 2, 1996, S. 39-45

Heinrich, L. J. [Informationsmanagement, 1992]: Informationsmanagement, 4., vollst. überarb. und erg. Aufl., Münschen, Oldenbourg Verlag, 1992

Heinrich, L. J. [Systemplanung, 1990]: Der Prozeß der Systemplanung und -entwicklung, in: Kurbel, K., et al . (Hrsg.): Handbuch Wirtschaftsinformatik, 1. Aufl., Stuttgart, Poeschel, 1990

Holdren, J. [Integrate Intranets, 1996]: Integrate intranets into existing data, in: INTERNETWORK, V. 7, Nr. 5, May, 1996, S. 17

Holland, A., Löbel, S. [Erfahrungen zur GP-Modellierung, 1997]: Erfahrungen zur Geschäftsprozeßmodellierung mit dem ARIS-Toolset bei einem Versorgungsunternehmen, in: Wirtschaftsinformatik, Jhrg. 39, Nr. 2, April 1997, 1997, S. 187-188

Inmon, W.H. [Building DWH, 1996]: Building the Data Warehouse, 2. Edition, Wiley Computer Publishing, New York u.a., John Wiley & Sons, Inc., 1996

Jahnke, B. [FIS-Einsatz, 1993]: Einsatzkriterien, kritische Erfolgsfaktoren und Einführungsstrategien für Führungsinformationssysteme, S. 29-43, in: Brehme, W., Schimmelpfeng, K. (Hrsg.): Führungsinformationssysteme - Neue Entwicklungstendenzen im EDV-gestützten Berichtswesen, Wiesbaden, Gabler, 1993

Jahnke, B. et al. [On-Line Analytical Processing, 1996]: On-Line Analytical Processing (OLAP), in: Wirtschaftsinformatik, Jhrg. 38, Nr. 3, 1996, S. 321-323

James, G. [Intranets rescue reengineering, 1996]: Intranets Rescue Reengineering, in: Datamation - The Emerging Technologies Magazin for Today's IS, Dez. 96, 1996, S. 38-45

Keen, P.G.W. [Informationstechnologie, 1992]: Informationstechnologie: Der Weg in die Zukunft, 1. Auflage, Wien, Ueberreuter, 1992

Kerstetter, J. [SAP-DWH, 1997]: SAP, PeopleSoft Mull Data Warehouse Tools, in: PC Week, V. 14, Nr. 10, March 10, 1997, S. 8

Klotz, M., Reichardt, K. [Unternehmen und FIS, 1996]: Wann ist ein Unternehmen reif für ein Führungsinformationssystem ?, S. 49-69, in: Klotz, M., Herrmann, W. (Hrsg): Führungsinformationssysteme im Unternehmen, Berlin, Erich-Schmidt, 1994, in: Krallmann, H.(Hrsg.): Betriebliche Informations- und Kommunikationssysteme, Band 18, Berlin, Erich-Schmidt, 1994

Knowles, J. [Explore DWH, 1996]: Explore Data Warehousing, in: Datamation - The Emerging Technologies Magazin for Today's IS, Dezember, 1996, S. 30

Kornblum, W. [Innovative FIS, 1994]: Einsatz innovativer Führungsinformationssysteme für eine effiziente Unternehmenssteuerung, S. 13-30, in: Klotz, M., Herrmann, W. (Hrsg): Führungsinformationssysteme im Unternehmen, Berlin, Erich-Schmidt, 1994, in: Krallmann, H.(Hrsg.): Betriebliche Informations- und Kommunikationssysteme, Band 18, Berlin, Erich-Schmidt, 1994

Kossel, A. [Intranet-Technik, 1996]: Hausmannskost, Wie die Softwareindustrie das Intranet schmackhaft machen will, in: c't Magazin für computer technik, Verlag Heinz Heise, Nr. 10, Oktober, 1996, S. 298-300

Krcmar, H., Schwarzer, B. [Prozesse, 1994]: Prozeßorientierte Unternehmensmodellierung, S. 13-35, in: Scheer, A.-W.(Hrsg.): Schriften zur Unternehmensführung, Bd. 53, Wiesbaden, Gabler

Kyas, O. [Schlüsselapplikationen für Intranet, 1997]: Vom Internet zum Intranet, in: Datacom, Jhrg. 14, Nr. 4, 1997, S. 56-58

Kyas, O. [Unternehmensstrategie Intranet, 1997]: Unternehmensstrategie Intranet, in: Online, Nr. 2/97, 1997, S. 22-28

Lawton, G. [DWH-Applications, 1996]: Warehousing offers storage and service, in: Digital News & Review, V. 12, Nr. 18, Oct 9, 1995, S. 18-21

Lemay, L. [Web publishing, 1996]: Noch mehr Web publishing mit HTML, Haar, Markt und Technik, 1996

Lemay, L., Perkins, J. [Java is Secure, 1996]: Yes, Java is Secure. Here's Why, in: Datamation - The Emerging Technologies Magazin for Today's IS, V. 42, Nr. 5, March 1, 1996, S. 47-49

Levin, C. [Skinny Clients, 1996]: Skinny Clients to rule on Web, PC Magazine, V. 15, Nr. 6, March 26, 1996, S. 37

Lewis, J. [Intranetworking, 1996]: Intranetworking: too soon to cheer, in: PC Week, V. 13, Nr. 42, Oct 21, 1996, S. 44

Lewis, J. [Redefinition of networks, 1996]: Changing what we mean by 'network.', in: PC Week, V. 13, Nr. 34, August 26, 1996, S. 36

Lindenlaub, F., Webersinke, K. [Strukturwandel, 1994]: Strukturwandel der Unternehmen und Folgen für die DV-Infrastruktur; Bedeutung eines Information Warehouses, S. 61-74, in: Dorn, B. (Hrsg): Das informierte Management, Berlin, Springer, 1994

Linthicum, D. S. [Intranet-Applications, 1996]: App dev tachles the intranet, in: Datamation - The Emerging Technologies Magazin for Today's IS, Nr. 15, Sep., 1996, S. 113-118

Lohmann, S. [Datenbank-Management, 1997]: Information Warehouse, Teil 10 , Abschnitt 3.2.8, S. 1-6, in: Kracke, U.: Datenbank-Management, Band 3, Stand Februar 1997, Augsburg, Tuterest-Verlag, 1997

Mael, S. [ODBC versus JDBC, 1996]: Move over ODBC! Here Comes JDBC, in: Datamation - The Emerging Technologies Magazin for Today's IS, V. 42, Nr. 5, March 1, 1996, S. 32

Marshall, M. [DWH-Worries, 1996]: Worries about warehouses; data warehouses an the Net elicit security concerns., in: ComunicationsWeek, Nr. 616, June 24, 1996, S. 16-17

Martin, W. [DSS-Werkzeuge, 1996]: DSS-Werkzeuge - oder: Wie man aus Daten Informationen macht, in: Datenbank Fokus, Nr. 2, 1996, S. 10-21

Mayor, T. [Intranet-DWH-Project, 1997]: USC's new intranet project: the latest big man on campus; data warehousing megaproject to replace mainframe operations, in: PC Week, V14, Nr. 3, Jan 20, 1997, S. 29-30

Mayor, T. [Intranet-Example, 1996]: The easy fit, in: PC Week, V. 13, Nr. 29, July 22, 1996, S. 44

McCarthy, V. [Bulding Firewalls, 1996]: Building a Firewall, in: Datamation - The Emerging Technologies Magazin for Today's IS, May 15, 1996, S. 74-76

McCarthy, V. [Gosling on Java, 1996]: Gosling on Java, in: Datamation - The Emerging Technologies Magazin for Today's IS, V. 42, Nr. 5, March 1, 1996, S. 30-39

McCarthy, V. [Web Security, 1996]: Web security: How much is enough ?, in: Datamation - The Emerging Technologies Magazin for Today's IS, January, 1997, S. 112-117

Moad, J., [Intranet-Management, 1996]: Overheated web, in: PC Week, V. 13, Nr. 37, Sep 16, 1996, S. 49-50

Mocker, H., Mocker, U. [Intranet-Einsatz, 1997]: Intranet - Internet im betrieblichen Einsatz, Frechen, Datakontext Fachverlag, 1997

Moeller, M. [EIS-Environment,1996]: Amazon navigates the Net, in: PC Week, V. 13, Nr. 42, Oct 21, 1996 , S. 36

Moeller, M. [Hackers on the Internet, 1997]: IT looks to fend off hackers inside and out, in: PC Week, V. 14, Nr. 4, Jan 27, 1997 , S. 16-18

Moeller, M. et al. [Growing of Intranet, 1996]: Next step for intranets, in: PC Week, V14, Nr. 1, Jan 6, 1997, S. 33-34

Muksch, H., et al. [DWH-Konzept, 1996]: Das Data Warehouse-Konzept - ein Überblick, in: Wirtschaftsinformatik, Jhrg. 38, Nr. 4, 1996, S. 421-433

Mullich, J. [Intranet and the Praxis, 1997]: Getting good advice cheap, in: PC Week, V. 14, Nr. 1, Jan 6, 1997, S. 33-34

Mütze, M. [Firewalls, 1996]: Firewalls, in: Wirtschaftsinformatik, Jhrg. 38, Nr. 6, 1996, S. 625-628

Nolden, M., Franke, T. [Internet-Beschreibung, 1995]: Das Internet Buch, 2. Aufl., Düsseldorf u.a., Sybex, 1995

Nüttgens, M., Scheer, A.-W. [Hypermedia, 1993]: Hypermedia: Auf dem Weg zu benutzerzentrierten Informationssystemen, HMD, Nr. 169, 1993, S. 57-70

o. A. [Data Base Searching, 1996]: Diminishing role, in: PC Week, V. 13, Nr. 32, August 12, 1996 , S. E3

o. A. [The net worth of data, 1996]: The net worth of data, in: Computer Weekly, Oct 3, 1996, S. 53-54

o. A. [Alternative Intranet, 1996]: Intranetware als Alternative zu NT und Unix, in: COMPUTERWOCHE, Nr. 39, 27. September 1996, 1996, S. 5

o. A. [DWH-Keynotes, 1996]: The Decision Maker's Gold Mine - A Summary of keynote presentations, in: Advertising Section of Datamation from Datamation and Software AG, als Beilage in: Datamation - The Emerging Technologies Magazin for Today's IS, Feb. 1, 1996, S. S1-S12

o. A. [Four Terabyte Warehouse, 1995]: Building a data warehouse, in: Industry Week, V. 244, Nr. 20, Nov 6, 1995, S. 40

o. A. [Internet-Integration, 1996]: Internet-Integration bedeutet neue Problemfelder, in: COMPUTERWOCHE, Nr. 39, 27. September 1996, 1996, S. 81-82

o. A. [Intranet-Nutzen, 1996]: Thema der Woche; Intranets versprechen Transparenz und Ordnung, in: COMPUTERWOCHE, Nr. 40, 4. Oktober 1996, 1996, S. 9-10

o. A. [Intranet-Studie, 1996]: CW-Studie: Intranets vor dem Durchbruch, in: COMPUTERWOCHE, Nr. 42, 18. Oktober 1996, 1996, S. 1

o. A. [Intranets in computing life, 1996]: Intranets fast becoming a factoid of corporate computing life, in: PC Week, V. 13, Nr. 30, July 29, 1996, S. 54

o. A. [Intranets-Eigenschaften, 1996]: Intranets: Einfach, billig, integrierbar, in: COMPUTERWOCHE, Nr. 42, 18. Oktober 1996, 1996, S. 7

o. A. [Synergieplanung Gabler, 1988]: Abschnitt zur Synergieplanung, in: Gabler Wirtschafts-Lexikon, Bd. 5. Q-T, 12. Aufl., in: o.A.: Gabler Wirtschafts-Lexikon - Taschenbuch-Lexikon mit 6Bd., Wiesbaden, Gabler, 1988

o. A. [Umkehr zur zentralen DV, 1996]: Trübe Aussichten für Intel und Microsoft, Java und NCs bewirken Umkehr zur zentralen DV, in: COMPUTERWOCHE, Nr. 38, 20. September 1996, 1996, S. 27-28

o. A. [Vernetzte Unternehmen, 1996]: Der Weg zum vernetzten Unternehmen, in: Gablers Magazin, Nr. 5/1996,1996, S. 36-39

o. A. [WWW-Anbindung für Datenbanken, 1996]: WWW-Anbindung für Datenbanken, Intranet-Applikationen fordern Entwickler heraus, in: COMPUTERWOCHE, Nr. 35, 30. August 1996, 1996, S. 21-22

Österle, H. [Reengineering, 1995]: Business Engineering, Bd. 1., 2. Aufl., Heidelberg, Springer, 1995

Palm, H. [VRML-Praxis, 1997]: Abstrakte Welten statt virtueller Realität, in: iX - Magazin für professionelle Informationstechnik, Nr. 5, 1997, S. 84-85

Paul, L. G. [Virtual Private Networks, 1996]: Tunnel vision, in: PC Week, V. 13, Nr. 37, Sept. 16, 1996, S. E1-E2

Perez, J.C. [Products for MSS over the Intranet, 1996]: Planning Sciences, others heading for the Internet, in: PC Week, V. 13, Nr. 37, Sep 16, 1996, S. 33-34

Petrik, C. E. [Praxisbeispiel Intranet bei SNI, 1996]: Mut zum Chaos: SNI baut Intranet für bessere Kommunikation, in: Gateway, September, 1996, S. 58-62

Phillips, B. [Net access to DSS, 1996]: Web OLAP snares Net access to DSS server, in: PC Week, V. 13. Nr. 4, Jan 29, 1996, S. 14

Phillips, B. [OLAP on the Web, 1996]: OLAP vendors tap the Web, in: PC Week, V13, Nr. 7, Feb 19, 1996, S. 55

Raden, N. [Warehoues and the Web, 1996]: Warehoues and the Web, in: InformationWeek, Nr. 579, May 13, 1996, S. 80-84

Radosevich, L. [Intranet-Entwicklungsplattform, 1996]: Internet Plumbing Comes to Groupware, in: Datamation - The Emerging Technologies Magazin for Today's IS, May 15, 1996, S. 58-62

Rosenhagen, J. [DWH und C/S, 1996]: Interaktives Warehousing auf Basis unternehmensweiter C/S-Architekturen, in: Datenbank Focus, Nr. 2, 1996, S. 46-48

Ramm, F. [Recherchieren im WWW, 1995]: Recherchieren und Publizieren im WORLD WIDE WEB, Braunschweig/Wiesbaden, Vieweg, 1995

Roitmayr, F. [Controlling von IKS, 1988]: Controlling von Informations- und Kommunikationssystemen, 1. Aufl., München, R. Oldenburg Verlag, 1988

Römer, M. et al. [Agenten, 1996]: Autopiloten fürs Netz, in: c't, Magazin für Computer Technik, Heft 3, März, 1996, S. 156-162

Rupp, D. [Evaluation of Intranet, 1996]: Tech versus touch, in: HR Focus, V73, Nr. 11, Nov 1996, S. 16-17

Rüttler, M. [Strategische Erfolgsfaktoren, 1991]: Information als strategischer Erfolgsfaktor, 1. Aufl., Berlin, E. Schmidt Verlag, 1991

Saleck, T. [Client/Server und Intranet, 1997]:Client/Server und Internet/Intranet: Erst die Kombination bringt es, in: Datenbank Fokus, Nr. 3, 1997, S. 18-31

Sarna, D., Febish, G. [Business Reality of VRML, 1996]: Paradigm Shift: The Business Reality of VRML, in: Datamation - The Emerging Technologies Magazin for Today's IS, May 15, 1996, S. 27-33

Schaudt, A. [Parallelrechner, 1996]: Parallel processing: neue Technologie im Kampf um den Bankkunden, Bern u.a., Haupt, 1996

Scheer, A.-W. [DWH und DM, 1996]: Data Warehouse und Data Mining: Konzepte der Entscheidungsuntersützung, in: Information Management, Nr.1, 1996, S. 74-75

Schreier, U. [Verarbeitsungprinzipien in DWH, 1996]: Verarbeitsungprinzipien in Data-Warehousing-Systemen, in: HMD, Nr. 187, 1996, S. 78-93

Semich, J. W. [Java Enterpise Platform, 1996]: The Java Enterpise Platform, in: Datamation - The Emerging Technologies Magazin for Today's IS, V. 42, Nr. 5, March 1, 1996, S. 41

Sneed, H. M. [Reengineering von Software, 1996]: Begegnung mit der dritten Art, in: Computerwoche Focus (SW-Engineering) Nr. 5, 20.09.1996, eine Beilage der Computerwoche vom 20.09.1996, 1996, S. 16-17

Stahlknecht, P. [Wirtschaftsinformatik, 1995]: Einführung in die Wirtschaftsinformatik, 7., vollst. überarb. Aufl., Berlin u.a., Springer, 1995

Stein, G. [Intrante-Herausforderung, 1996]: Netz im Netz, Intranet-Herausforderung für Unternehmenskommunikation, in: Gateway, Nr. 9, September, 1996, S. 29-34

Strehlo, K. [DWH-Obsolescence, 1996]: Data Warehousing: Avoid Planed Obsolescence, in: Datamation - The Emerging Technologies Magazin for Today's IS, Jan. 15, 1996, S. 32-36

Taninecz, G. [Internet and Intranet, 1996]: The Web within, in: Industry Week, V245, Nr. 5, March 4, 1996 S. 45-49

Tanler, R. [DWH on Intranet, 1996]: Putting the data warehouse on the intranet: web browser con lower the cost of delivering information to business desicio makers,in: Internet Systems: A DBMS Supplement, DBMS, V. 9, Nr. 5, May, 1996, S. S34-S37 und weiterhin veröffentlicht unter http://dbmsmag.com/9605i08.html (15.05.1997) und http://www.invoadvant.com

Taube, P. [DWH-Einordnung, 1996]: Wie anpacken ? Von der Vision zur Realisierung (Referat der ORACLE Software (Schweiz) AG), Ohne Numerierung, in: SVD (Schweizer Vereinig. für DV)(Hrsg.): Tagungsdokumentation: Datawarehousing - Information at your fingertips ? (Ohne durchgehende Numerierung), SVD 8037 Zürich, PF. 373, 21.11.1996, Hotel Zürich, Zürich, 1996

Teetz, M. [Intranet mit Java, 1996]: Java macht das Internet schlau, in: Computerwoche Focus (SW-Engineering) Nr. 5, 20. 09.1996, eine Beilage der Computerwoche vom 20.09.1996, 1996, S. 6-9

Thomas, K. [DWH Gartner-Group, 1996]: Datawarehousing: Besser entscheiden durch bessere Information (Referat), S. 1-15, in: SVD (Schweizer Vereinig. für DV)(Hrsg.): Tagungsdokumentation: Datawarehousing - Information at your fingertips ? (Ohne durchgehende Numerierung), SVD 8037 Zürich, PF. 373, 21.11.1996, Hotel Zürich, Zürich, 1996

Thomas, K. [DWH-Implementierung, 1996]: Datawarehouse - Implementierung, Kosten und Faktoren für den Erfolg, S. 1-21, in: SVD (Schweizer Vereinig. für DV)(Hrsg.): Tagungsdokumentation: Datawarehousing - Information at your fingertips ? (Ohne durchgehende Numerierung), SVD 8037 Zürich, PF. 373, 21.11.1996, Hotel Zürich, Zürich, 1996

Tietz, B. [Entwicklung, 1987]: Wege in die Informationsgesellschaft, 1. Aufl., Stuttgart, Horst Poller Verlag, 1987

Varney, S.E. [Data-Webs, 1996]: Datawebs ! Link the Web to your legacy Data and Apps, in: Datamation - The Emerging Technologies Magazin for Today's IS, April 1, 1996, S. 38-49

Vowler, J. [Virtual Warehousing, 1996]: Why there is no virtue in virtual warehousing, in: Computer Weekly, March 14, 1996, S. 26

Warren, L. [EIS-View, 1996]: A panoramic view, in: Computer Weekly, Dec 12, 1996, S. 46-47

Wesseler, B, [DWH-Stärken, 1996]: Stärken beim Data Warehousing auf Application Warehousing übertragen (Interview mit E. Königs, Vorstandvorsitzenden der Software AG), in: Client/Server Magazin, 3-4/97, 1997, S. 20-24

Zeitler, A. [Intranet.Nutzung, 1996]: Lukrative Geschäfte mit Intranets, in: COMPUTERWOCHE, Nr. 32 , 9. August, 1996, S. 8

Ziegler, J. [Interactivity, 1996]: Interactive Techniques, in: ACM Computing Surveys, CRC Press, New York, Vol. 28, Nr. 1, March, 1996, S. 185-187

Sammelwerke

Brehme, W., Schimmelpfeng, K. (Hrsg.): Führungsinformationssysteme - Neue Entwicklungstendenzen im EDV-gestützten Berichtswesen, Wiesbaden, Gabler, 1993

Dorn, B. (Hrsg): Das informierte Management, Berlin, Springer, 1994

Klotz, M., Herrmann, W. (Hrsg): Führungsinformationssysteme im Unternehmen, Berlin, Erich-Schmidt, 1994, in: Krallmann, H.(Hrsg.): Betriebliche Informations- und Kommunikationssysteme, Band 18, Berlin, Erich-Schmidt, 1994

Kracke, U.: Datenbank-Management, Band 3, Stand Februar 1997, Augsburg, Tuterest-Verlag, 1997

Krallmann, H. (Hrsg.): Betriebliche Informations- und Kommunikationssysteme, Band 18, Berlin, Erich-Schmidt, 1994

Kurbel, K., et al. (Hrsg.): Handbuch Wirtschaftsinformatik, 1. Aufl., Stuttgart, Poeschel, 1990

o. A.: Gabler Wirtschafts-Lexikon-Taschenbuch-Lexikon mit 6Bd., Wiesbaden, Gabler, 1988

Scheer, A.-W.(Hrsg.): Schriften zur Unternehmensführung, Bd. 53, Wiesbaden, Gabler, 1994

SVD (Schweizer Vereinig. für DV)(Hrsg.): Tagungsdokumentation: Datawarehousing - Information at your fingertips ? (Ohne durchgehende Numerierung), SVD 8037 Zürich, PF. 373, 21.11.1996, Hotel Zürich, Zürich, 1996

Internet-Ressourchen

Black, B. [OLTP-Systems, 1996]OLTP on the Internet, in: Internet Systems - Internet Systems as a supplement to DBMS (DatabaseManagementSystems-Magazin), Okt. 1996 unter http://www.dbmsmag.com/9610i04.html (15.5.1997)

Gfaller, H. [Nutzer, 1995]: User wollen Reports ohne Hilfe der DV-Spezialisten erstellen, in: COMPUTERWOCHE Nr. 47 vom 24.11.1995 unter http://www.computerwoche.de/archiv/1995/47/9547c025.html (20.5.1997)

o. A. [Aufbau von Data Marts, 1996]: Data Marts, in: COMPUTERWOCHE, Nr. 7, 16. Februar 1996, S. 52 unter http://www.computerwoche.de/archiv/1996/07/C07HV05.SON.html (20.5.1997)

o. A. [Geschäftskritisches Data-Warehouse, 1996]: Data Warehouse, in: COMPUTERWOCHE Nr. 7, 16. Februar 1996, S. 1-2 unter http://www.computerwoche.de/archiv/1996/07/C07HV14.FRO.html (20.5.1997)

o. A. [Intranet-Grenzen, 1996]: Internet: Wann sind die Grenzen erreicht?, in:
COMPUTERWOCHE, Nr. 28, 12. Juli 1996, S. 17 unter
http://www.computerwoche.de/archiv/1996/28/C27HV06.FRO.html (20.5.1997)

o. A. [Kosten für MSS, 1996]: Wenig Licht in der Kostenfrage, in: COMPUTERWOCHE,
Nr. 7, 16. Februar 1996, 1996, S. 7 und unter
http://www.computerwoche.de/archiv/1996/07/C07HV02.TDW.html (20.5.1997)

Özsu, M. T.: A New Foundation, aus: Database Programming and Design (Online Edition),
verfügbar unter http://www.dbpd.com/ozsu.htm (15.05.1997)

Rudin, K. [New in Data Warehousing, 1996]: What's New in Data Warehousing, in: DBMS
Data Warehouse Supplement, August 1996 unter
http://www.dbmsmag.com/9608d52.html (15.05.1997)

Ehrenwörtliche Erklärung

Hiermit erkläre ich an Eides Statt, daß ich die vorliegende Diplomarbeit ohne unzulässige Hilfe Dritter und ohne Benutzung anderer als der angegebenen Hilfsmittel angefertigt habe. Die aus fremden Quellen direkt oder indirekt übernommenen Gedanken sind als solche kenntlich gemacht.

Bei der Auswahl und Auswertung des Materials sowie bei der Herstellung des Manuskripts habe ich Unterstützungsleistungen von folgenden Personen erhalten:

1. - keine -

An der geistigen Herstellung der vorliegenden Diplomarbeit war außer mir niemand beteiligt. Insbesondere habe ich nicht die Hilfe eines Diplomberaters in Anspruch genommen. Dritte haben von mir weder unmittelbar noch mittelbar geldwerte Leistungen für Arbeiten erhalten, die im Zusammenhang mit dem Inhalt der vorliegenden Diplomarbeit stehen.

Die Arbeit wurde bisher weder im Inland noch im Ausland in gleicher oder ähnlicher Form oder auszugsweise einer Prüfungsbehörde vorgelegt.

Silvio Löbel

Diplomarbeiten Agentur

Die Diplomarbeiten Agentur vermarktet seit 1996 erfolgreich
Wirtschaftsstudien, Diplomarbeiten, Magisterarbeiten, Dissertationen
und andere Studienabschlußarbeiten aller Fachbereiche und Hochschulen.

Seriosität, Professionalität und Exklusivität prägen unsere Leistungen:

* Kostenlose Aufnahme der Arbeiten in unser Lieferprogramm
* Faire Beteiligung an den Verkaufserlösen
* Autorinnen und Autoren können den Verkaufspreis selber festlegen
* Effizientes Marketing über viele Distributionskanäle
* Präsenz im Internet unter **http://www.diplom.de**
* Umfangreiches Angebot von mehreren tausend Arbeiten
* Großer Bekanntheitsgrad durch Fernsehen, Hörfunk und Printmedien

Setzen Sie sich mit uns in Verbindung:

Diplomarbeiten Agentur
Dipl. Kfm. Dipl. Hdl. Björn Bedey –
Dipl. Wi.-Ing. Martin Haschke ——
und Guido Meyer GbR ————

Hermannstal 119 k ————
22119 Hamburg ————

Fon: 040 / 655 99 20 ————
Fax: 040 / 655 99 222 ————

agentur@diplom.de ————
www.diplom.de ————